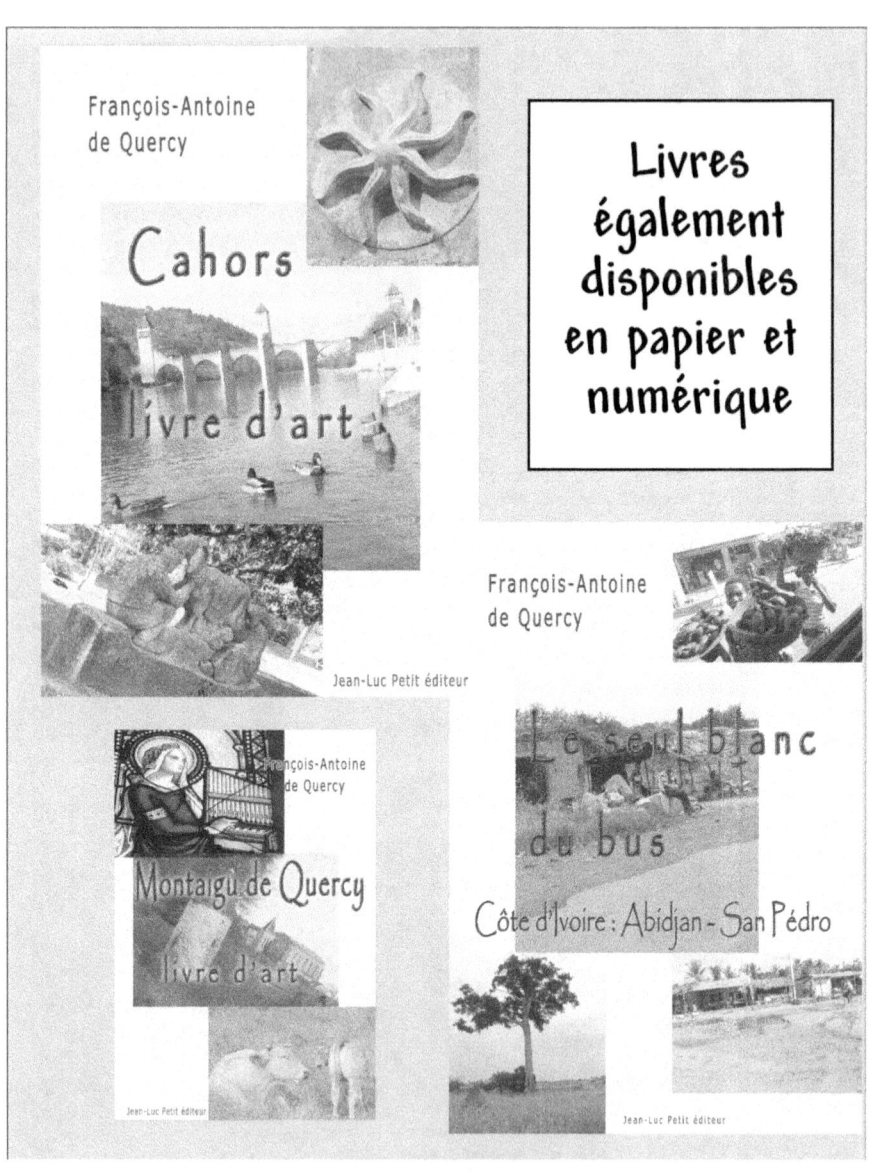

L'homme du 11 septembre

Du même auteur*

Sous le nom de **François-Antoine de Quercy** :
Cahors, livre d'art
Montcuq, livre d'art
Montaigu de Quercy, livre d'art
Quercy Blanc, livre d'art
Le seul blanc du bus

Sous d'autres noms

Romans

Le Roman de la Révolution Numérique
Ils ne sont pas intervenus (le livre des conséquences)
Le roman du show-biz et de la sagesse
Quand les familles sans toit sont entrées dans les maisons fermées
Liberté j'ignorais tant de Toi
Viré, viré, viré, même viré du Rmi !

Théâtre

Neuf femmes et la star
Les secrets de maître Pierre, notaire de campagne
Ça magouille aux assurances
Chanteur, écrivain : même cirque
Deux sœurs et un contrôle fiscal
Amour, sud et chansons
Pourquoi est-il venu :
Aventures d'écrivains régionaux
Avant les élections présidentielles
Scènes de campagne, scènes du Quercy
Blaise Pascal serait webmaster
Trois femmes et un Amour
J'avais 25 ans
La fille aux 200 doudous

* extrait du catalogue, voir page 124

François-Antoine de Quercy

L'homme du 11 septembre

Jean-Luc Petit éditeur - Collection Livres d'artistes

L'éditeur versant lotois :

http://www.lotois.fr

Tout simplement et logiquement !

Tous droits de traduction, de reproduction, d'utilisation, d'interprétation et d'adaptation réservés pour tous pays, pour toutes planètes, pour tous univers.

Site officiel : http://www.ecrivain.pro

© **Jean-Luc PETIT - BP 17 - 46800 Montcuq – France**

L'homme du 11 septembre

Jean-Gabriel Perboyre est mort sur une croix le vendredi 11 septembre 1840, en Chine, où il était entré illégalement afin d'y propager sa religion.

En 1996, le pape Jean-Paul II éleva le "berger lotois" au grade de Saint et Martyr du 11 septembre. La canonisation.

Pourtant, désormais, chaque *11 septembre*, pour éviter de commémorer ou évoquer les attentats contre les *Twin Towers* (tours jumelles de New-York), des médias replongent en 1973, ce mardi où le gouvernement du « *président socialiste démocratiquement élu* » Salvador Allende fut renversé par un coup d'État militaire. La mort de Salvador Allende pour éclipser la nécessaire analyse d'actes portés par une lutte de civilisation, un conflit des religions...

Jean-Gabriel Perboyre semble oublié... Plutôt le Chili que le Quercy !

S'il n'existe aucune commune mesure entre la vie de Jean-Gabriel Perboyre et celle des kamikazes du 11 septembre 2001, le hasard des dates devrait nous interroger sur le prosélytisme...

Les représentations de Jean-Gabriel Perboyre méritent notre attention : livre d'art. 82 photos en noir et blanc, de vitraux, statues, tableaux, et même une fresque... Et "naturellement" quelques informations essentielles, réflexions sur cette "drôle de vie."

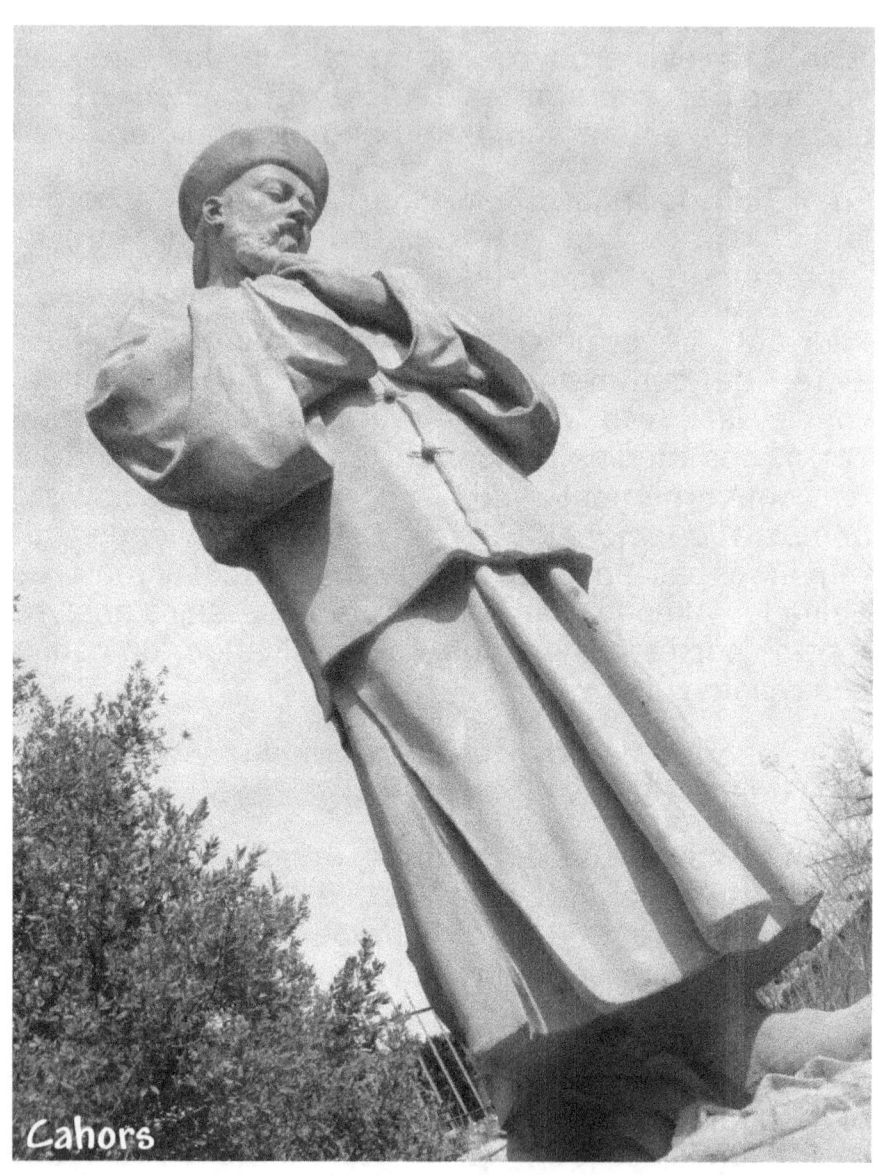

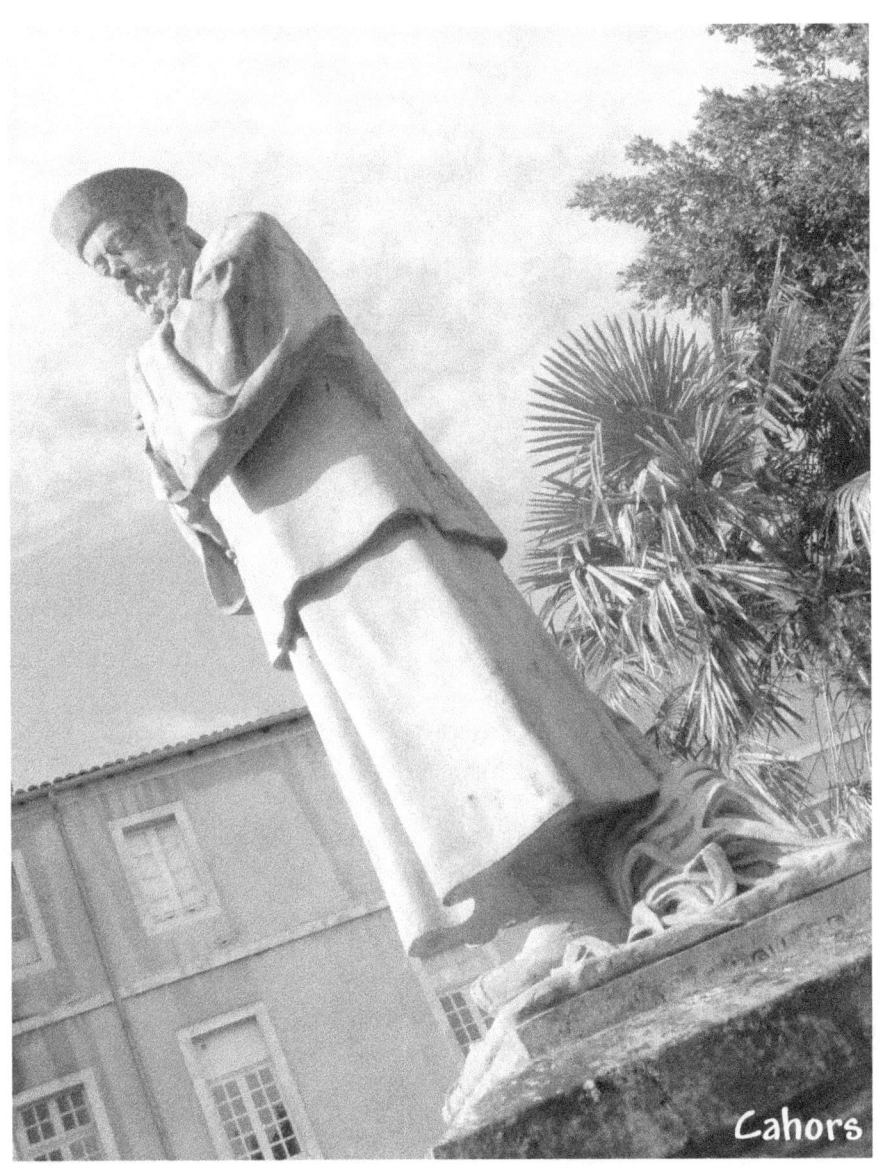

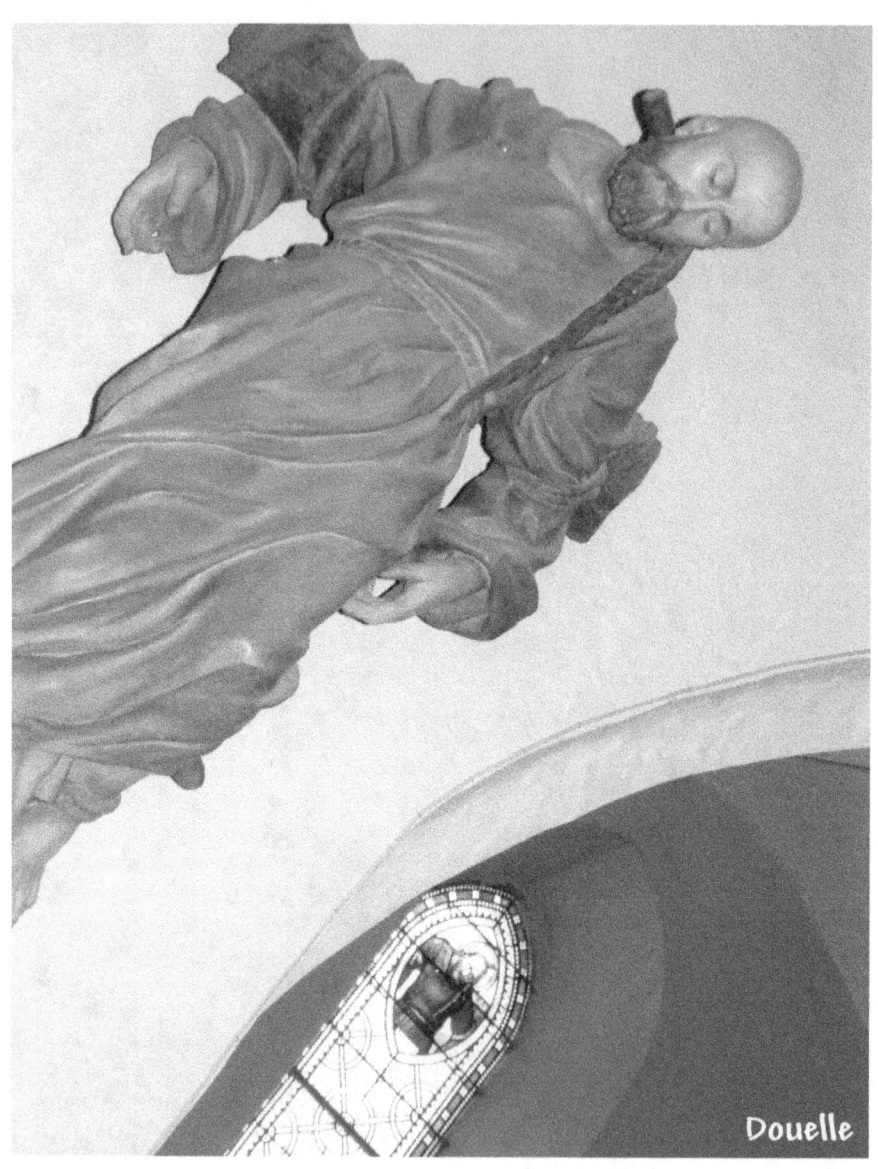

Jean-Gabriel Perboyre, le scénario

Né au Puech de Montgesty, à une vingtaine de kilomètres au nord de Cahors, le mardi 5 Janvier 1802 et baptisé en l'église de la paroisse le lendemain, mercredi 6 Janvier 1802.
Ou comme l'affirme l'écriteau dans l'actuelle église, baptisé le 7 après être né la veille, jour de l'épiphanie, comme Jean-Gabriel Perboyre le prétendait ?
À 14 ans, à l'automne 1816, départ au collège de Montauban, mais uniquement pour accompagner quelques mois son jeune frère, Louis, 9 ans. Jean-Gabriel, l'aîné, étant destiné à reprendre l'exploitation agricole familiale.
Jacques, leur oncle dirige ce Petit Séminaire de Montauban où il accueille très volontiers sa famille... et "fin stratège", il réussit à convaincre son frère de lui laisser Jean-Gabriel... à 15 ans, le 16 juin 1817, "il" prend la décision de se préparer au sacerdoce et entre à "la Congrégation de la Mission", toujours à Montauban, le 15 décembre 1818. Ses vœux, il le prononcera le 28 décembre 1820. Puis direction Paris, pour sa théologie, en janvier 1821, où il sera tonsuré le 22 décembre 1821.

Samedi 3 avril 1824 : ordonné sous-diacre dans la chapelle de l'archevêché de Paris par Monseigneur de Quelen. 22 ans.
Septembre 1824 : envoyé comme professeur au collège de Montdidier.
Samedi 28 mai 1825 : ordonné diacre en l'église St Sulpice par Monseigneur de Quelen, archevêque de Paris.

Samedi 23 septembre 1826 : ordonné prêtre par Monseigneur Louis Dubourg (évêque de Montauban) à Paris, 140 rue du Bac.
Septembre 1826 : professeur au Grand Séminaire de Saint-Flour. Il y sera nommé supérieur du petit séminaire un an plus tard.

Fin 1830, son frère Louis, 23 ans, part pour la Chine. Il mourra durant la traversé, le 2 mai 1831. Mais la nouvelle n'arrivera qu'en février de l'année suivante. C'est durant « le deuil » que se joue le destin du futur Saint.

Septembre 1832 : rappelé à Paris comme sous-directeur du Séminaire Interne (noviciat).

Lundi 2 février 1835, malgré "son grand âge" et une santé fragile, malgré un premier refus, il obtient d'être envoyé en Chine. Il a 33 ans et embarque au Havre le samedi 21 mars 1835.
Il rêve du Martyr, comme son "modèle" crucifié : « *Quelle belle fin que celle de M. Clet ! ; priez Dieu que je finisse comme lui.* »

Samedi 29 août 1835 : arrivée à Macao.

Lundi 21 décembre 1835 : départ de Macao pour le Ho Nan.

Mi-juillet 1836 : arrivée à la Mission du Ho Nan,.

Début 1838 : envoyé au Hou Pei.

Lundi 16 septembre 1839 : arrestation à Tcha Yuen Keou.

Mercredi 15 juillet 1840 : condamnation à mort à Ou Tchang Fou.

Vendredi 11 septembre 1840 : exécution. Inhumé « en terre chrétienne », au côté de son modèle, François-Régis Clet, martyrisé vingt ans auparavant...

Dimanche 9 juillet 1843, le pape Grégoire XVI lui accorde le titre de Vénérable.

Dimanche 10 novembre 1889 : béatification par Léon XIII à Rome. Cette accession au statut de Bienheureux à une époque de nombreuses commandes de vitraux dans le Quercy, explique "sûrement", qu'à côté de nombreux Saints, soit représenté "notre lotois préféré."

Dimanche 2 juin 1996 : canonisation par Jean-Paul II, à Rome.

Montauban

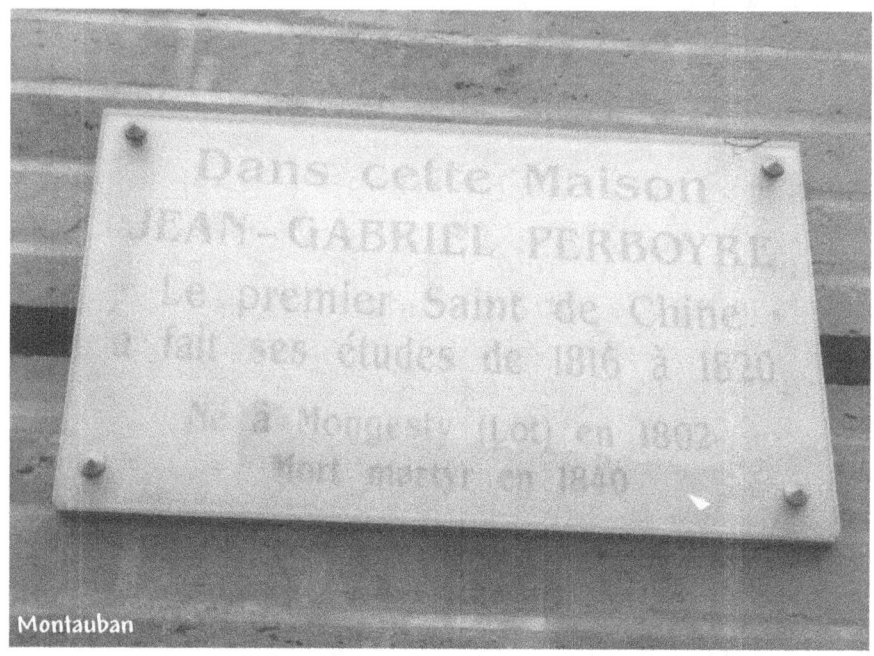

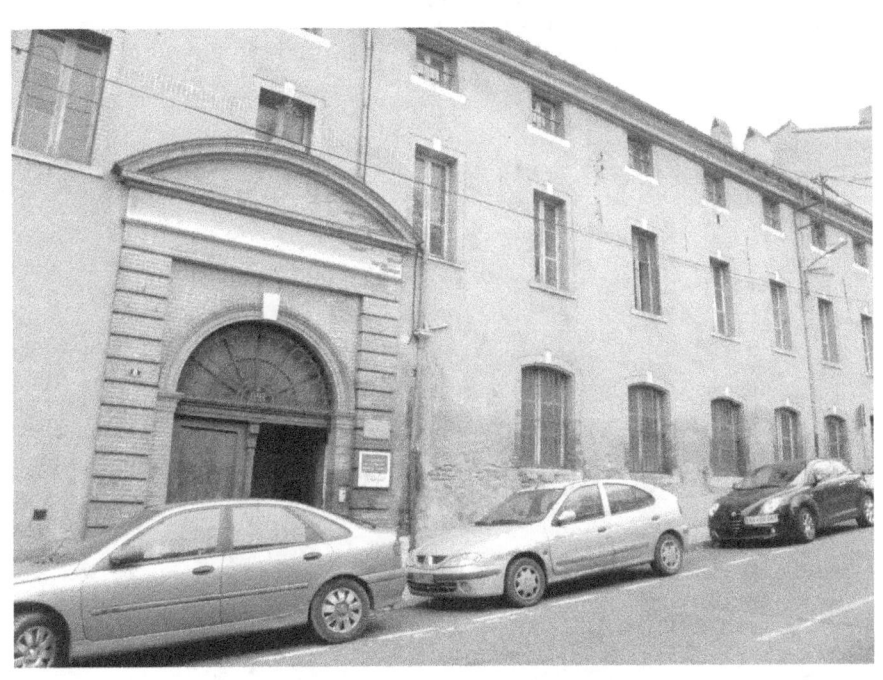

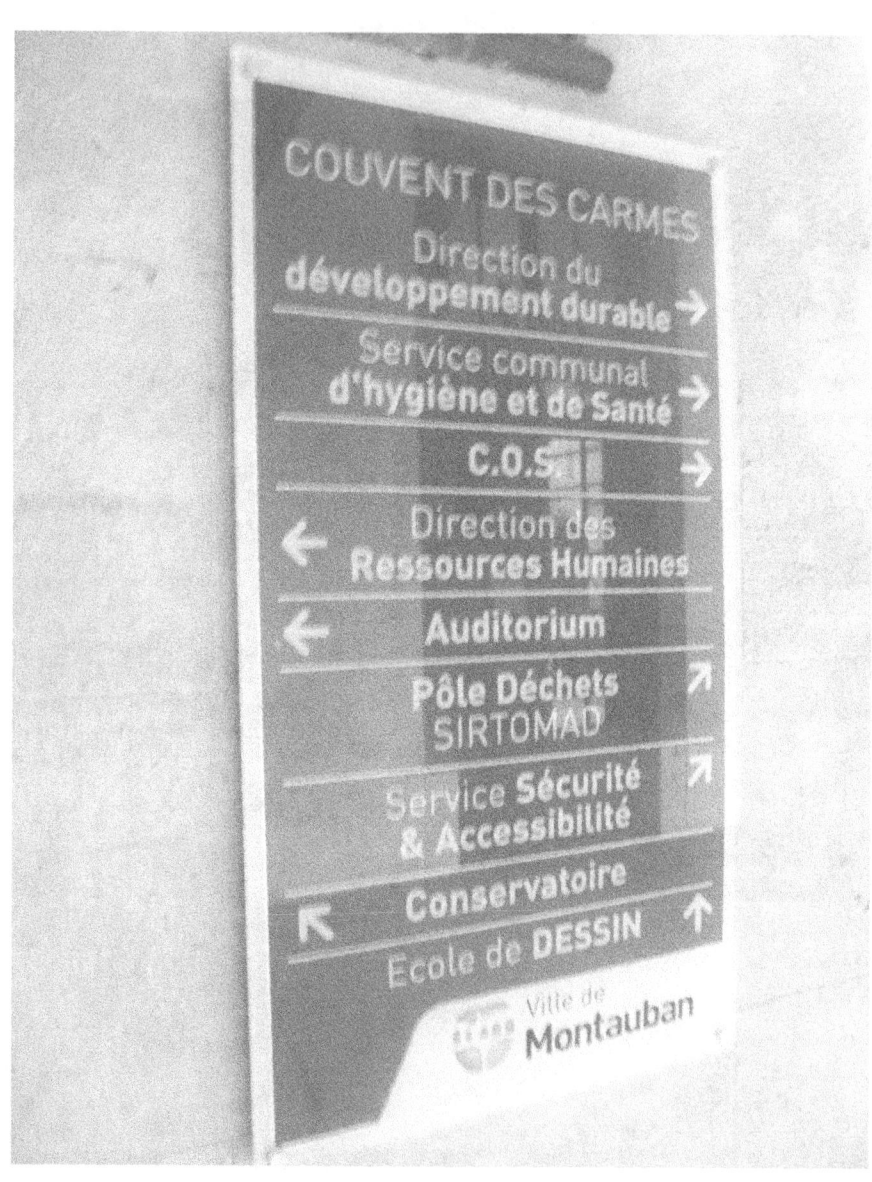

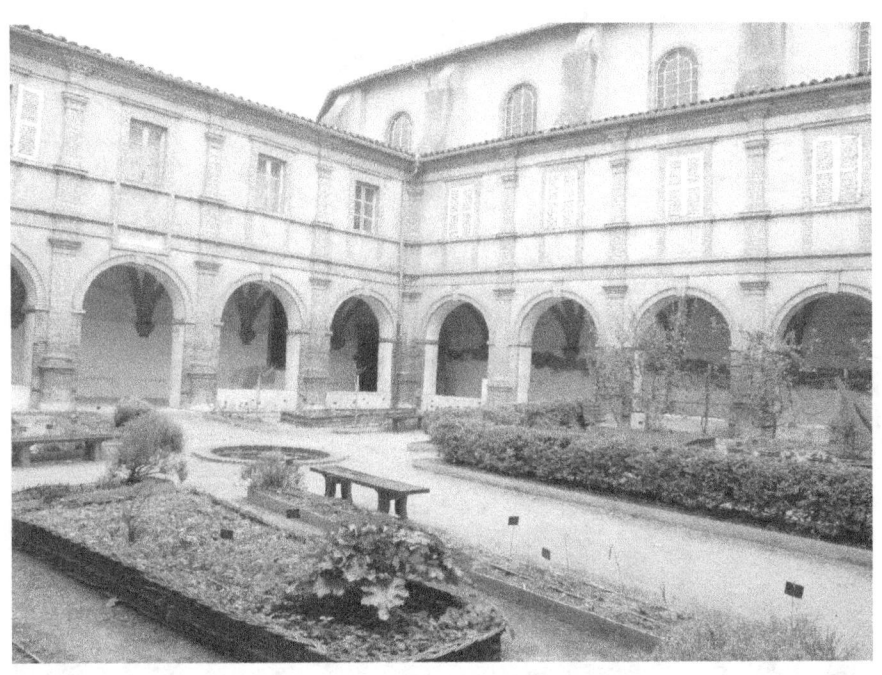

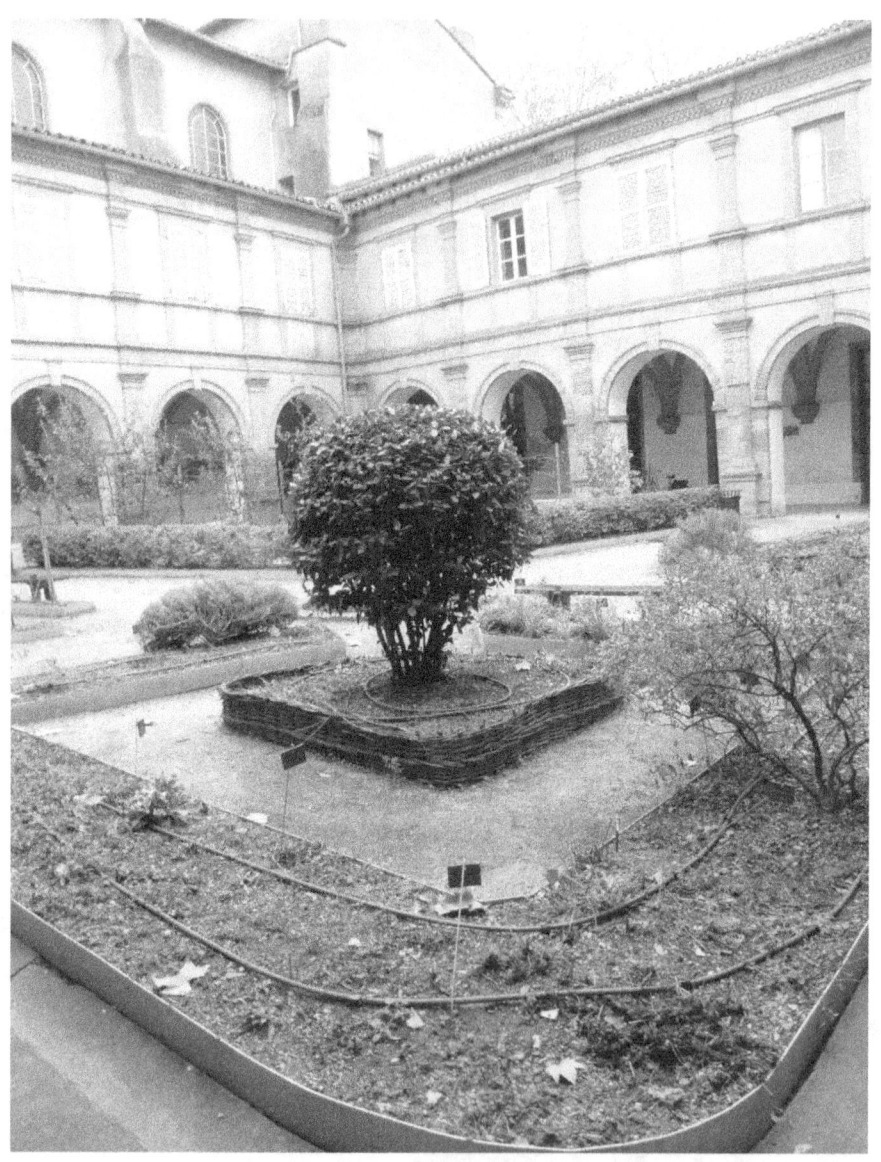

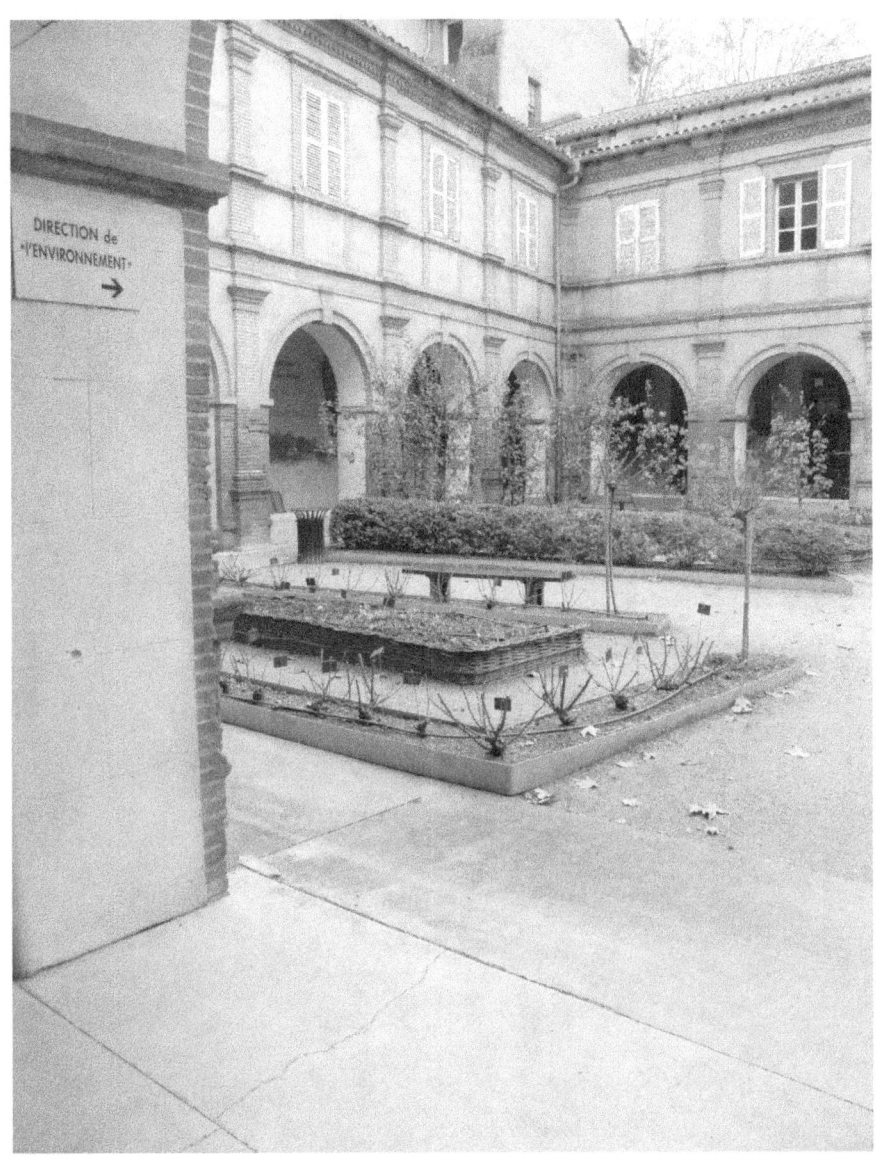

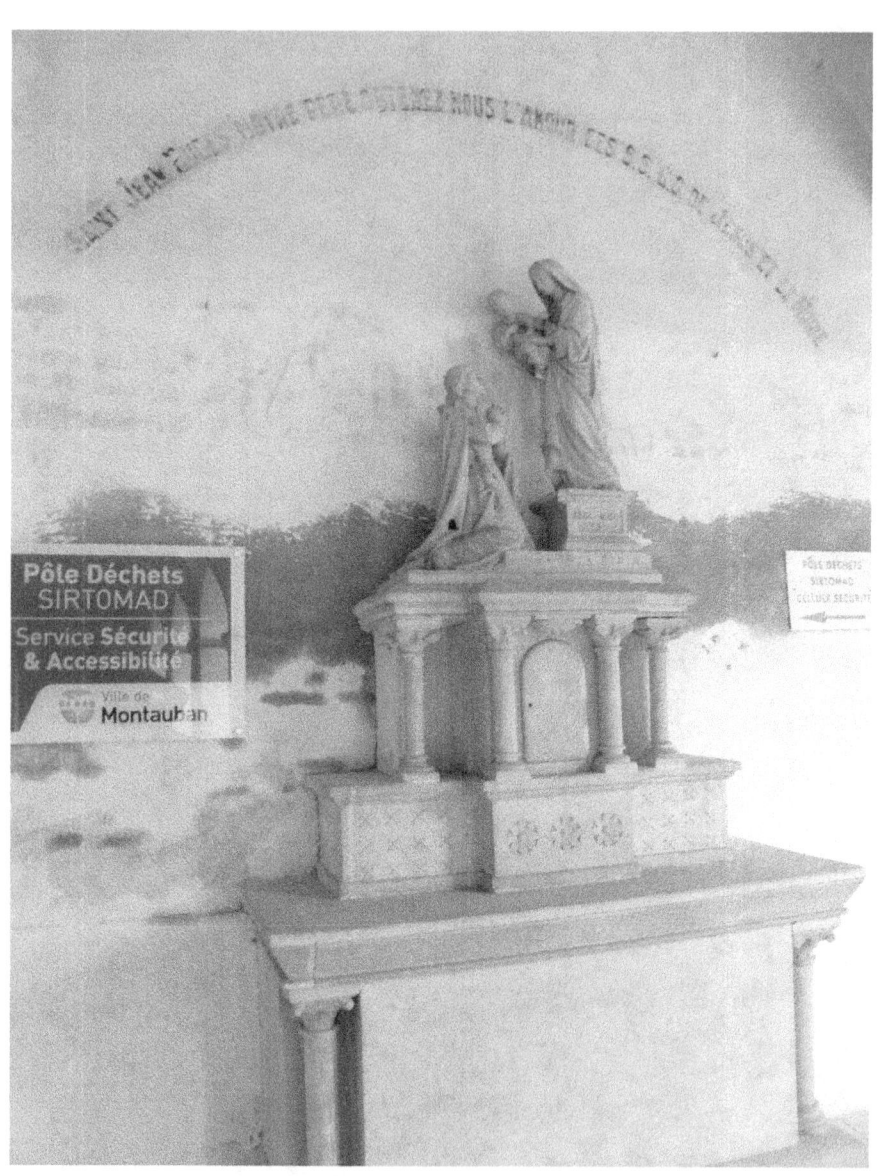

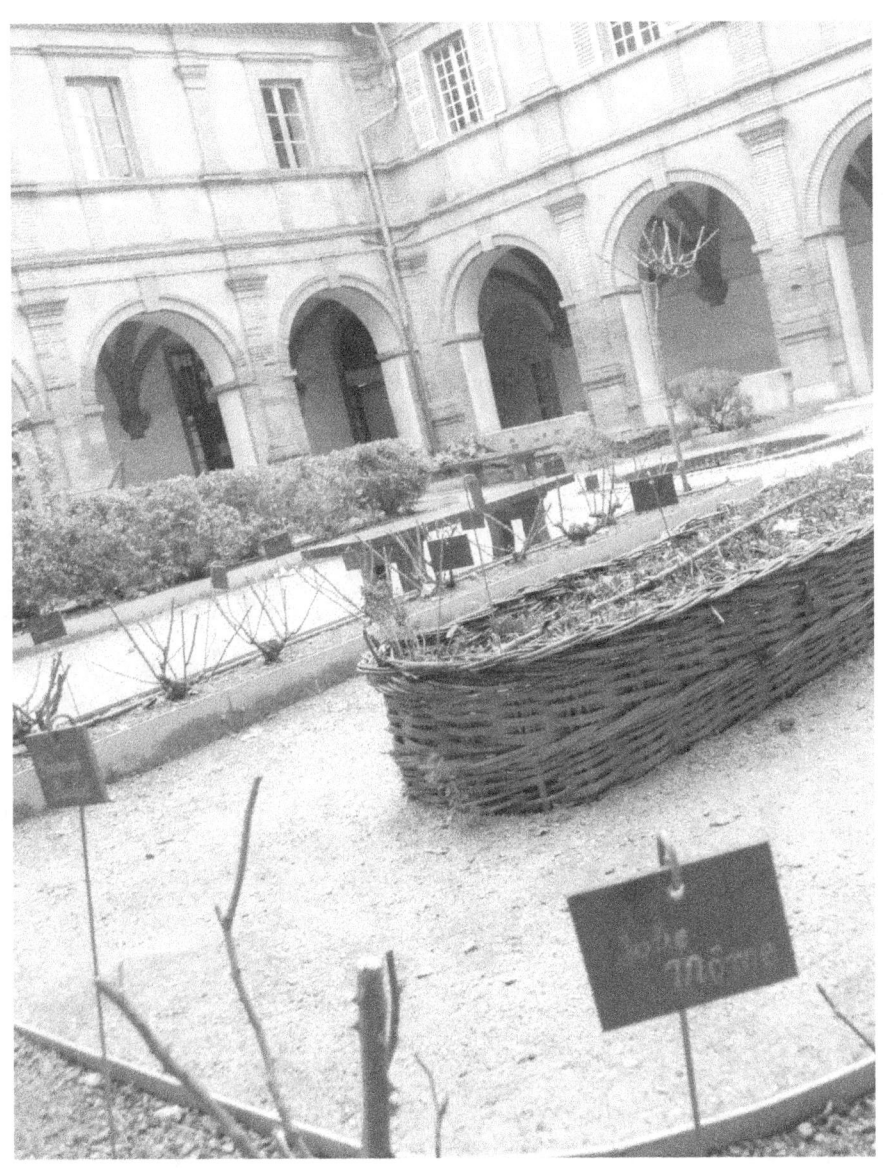

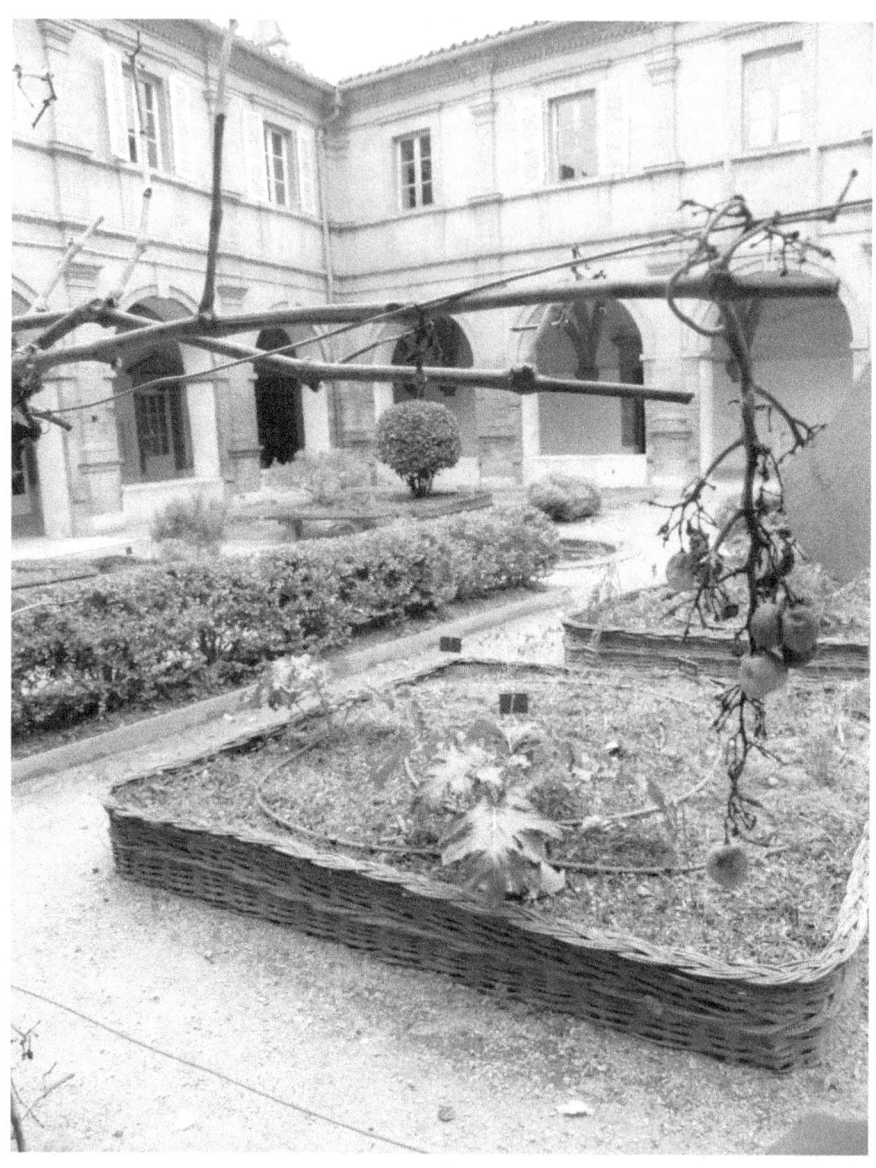

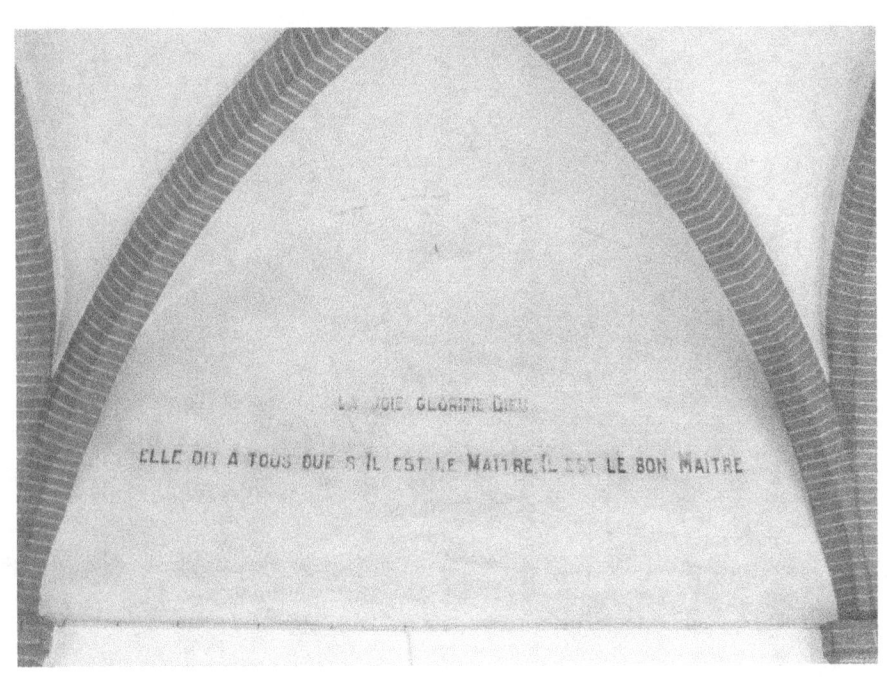

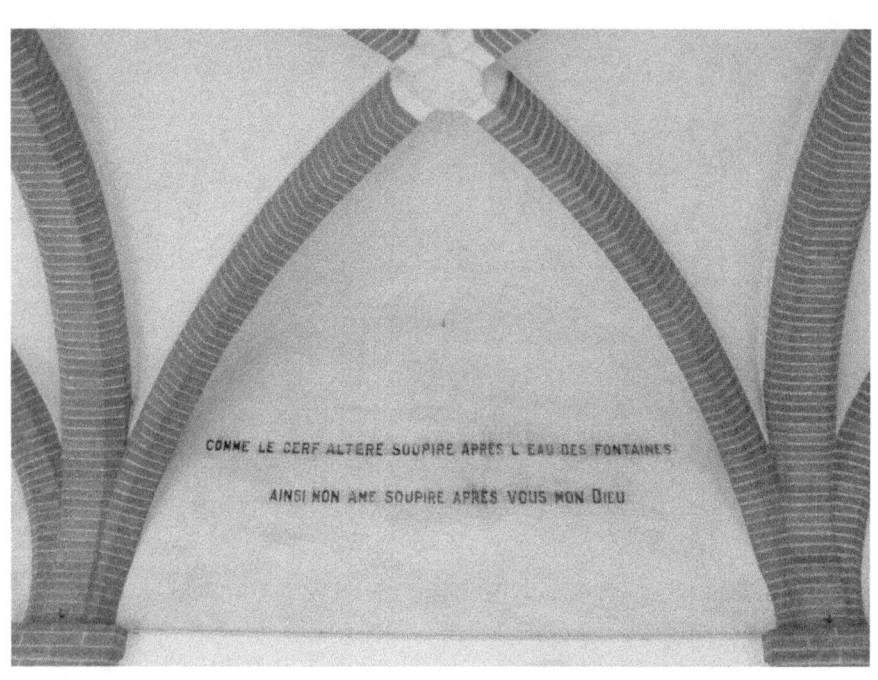

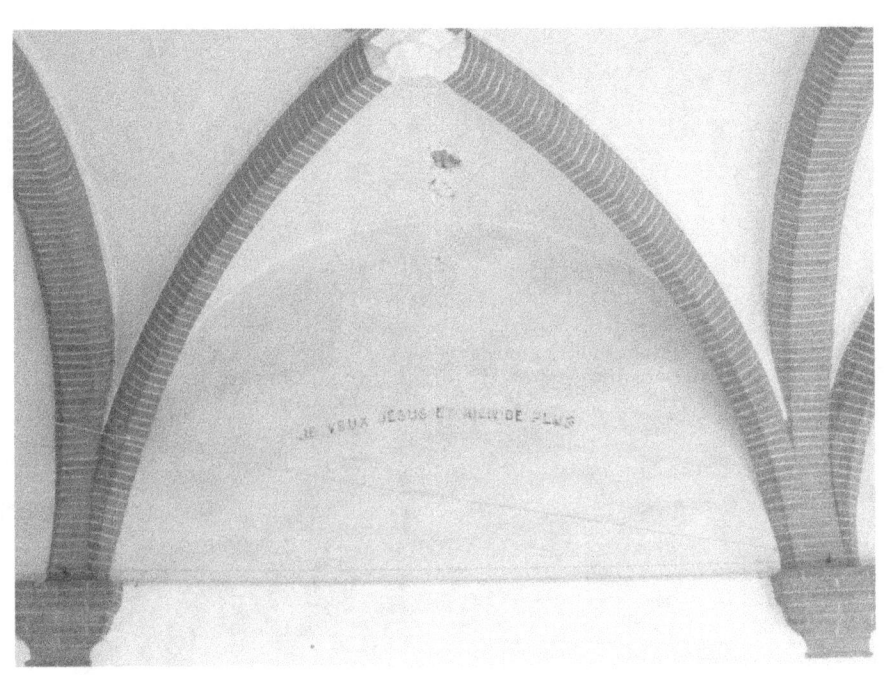

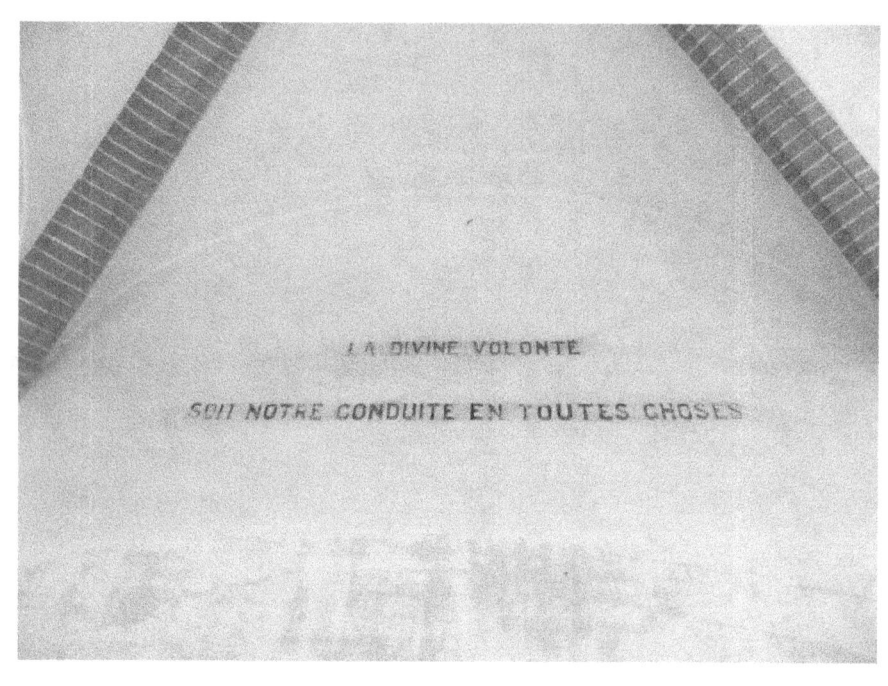

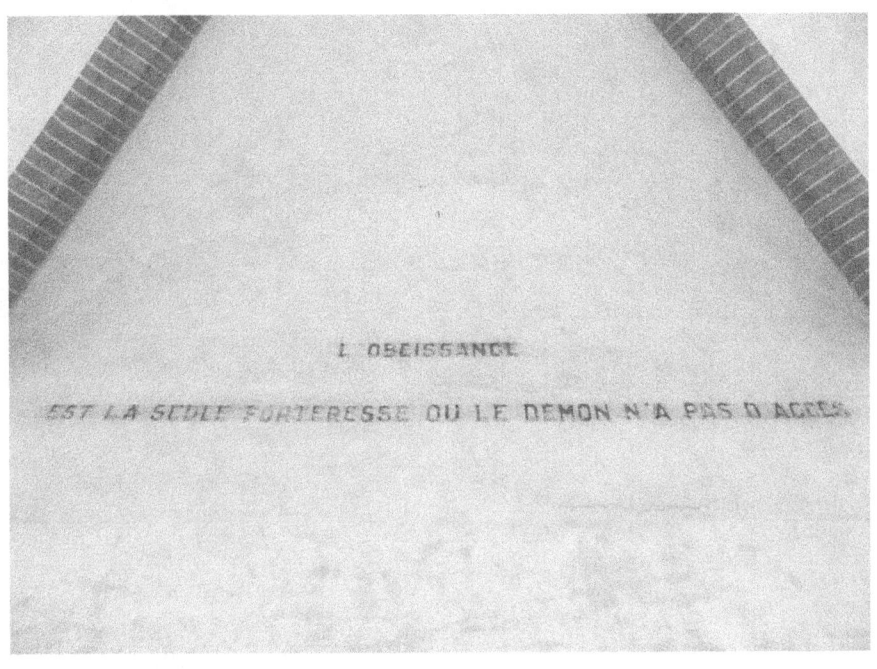

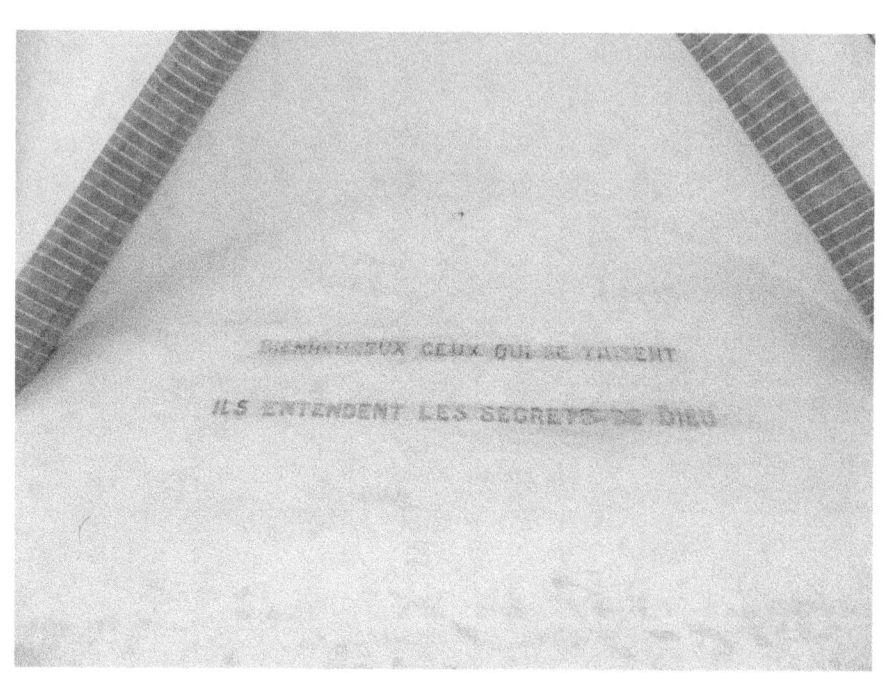

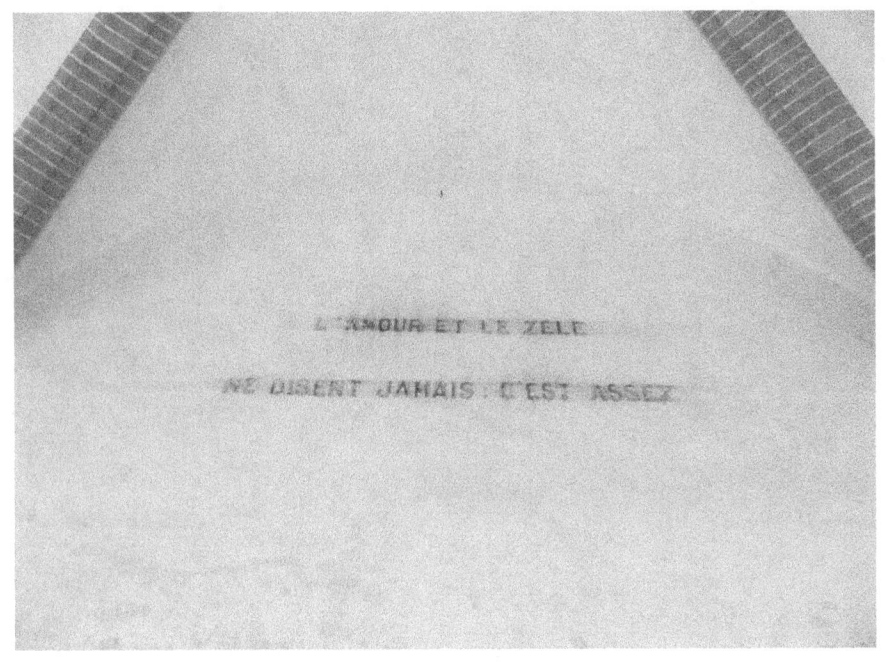

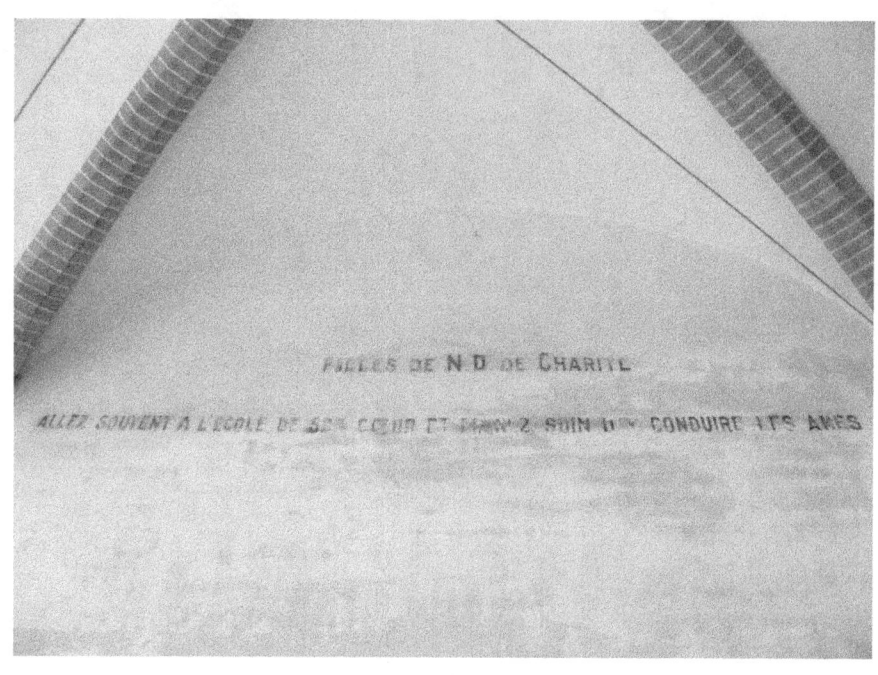

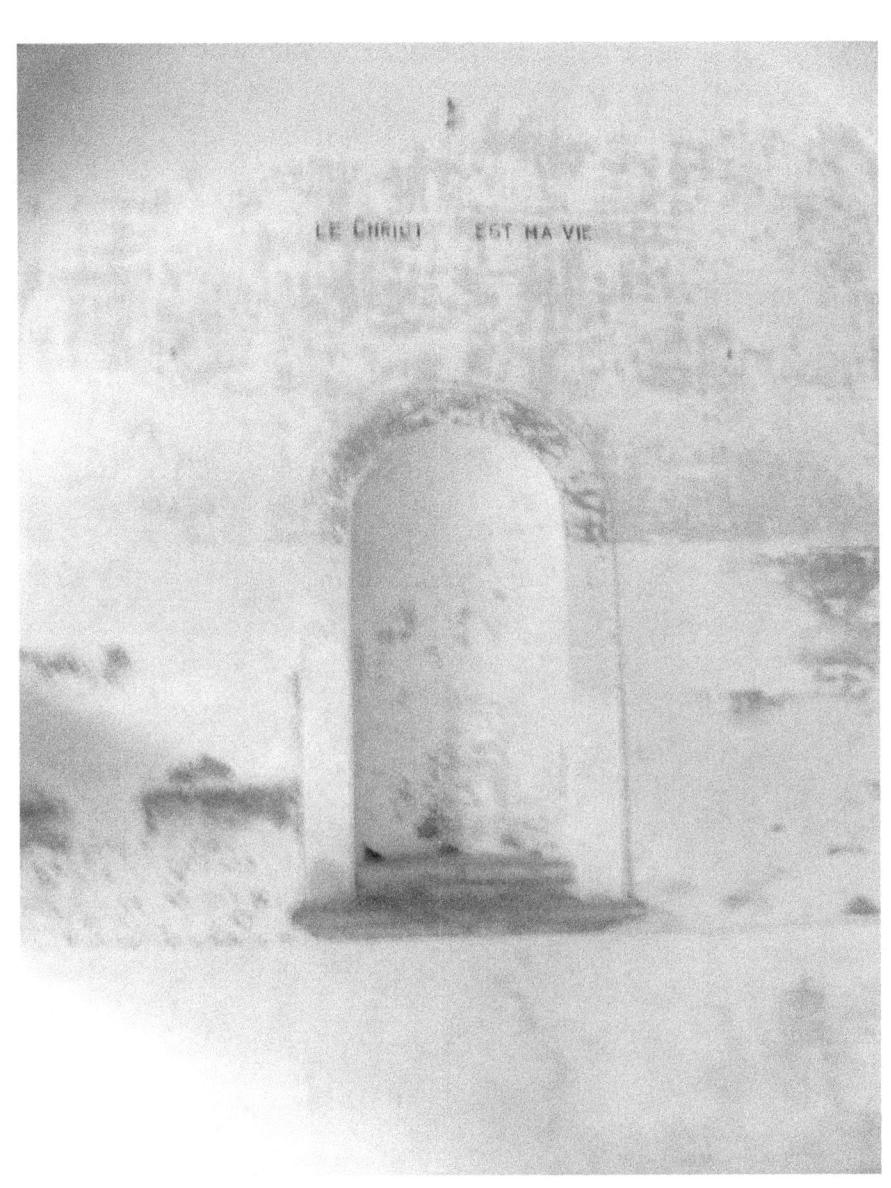

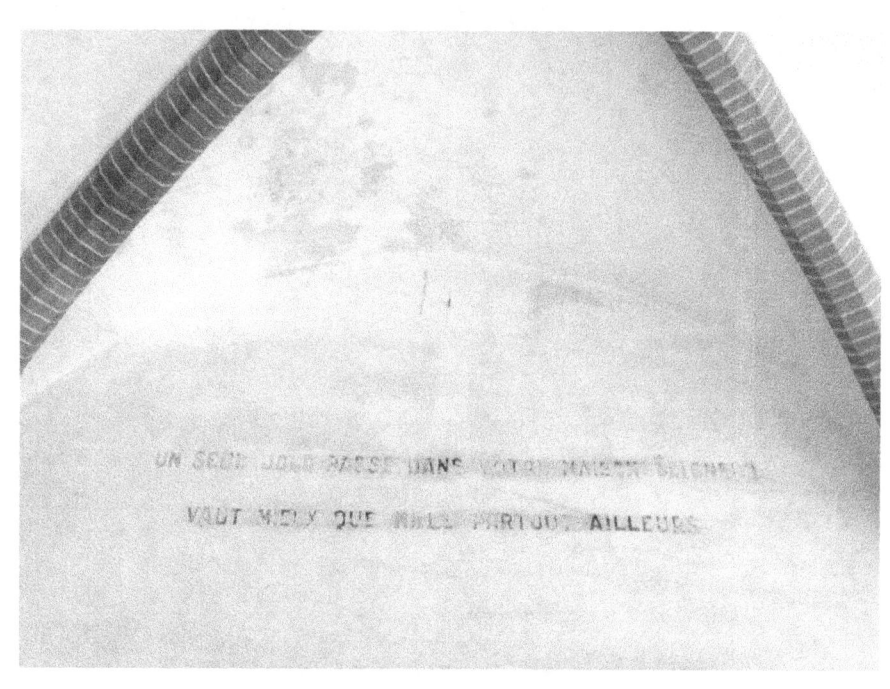

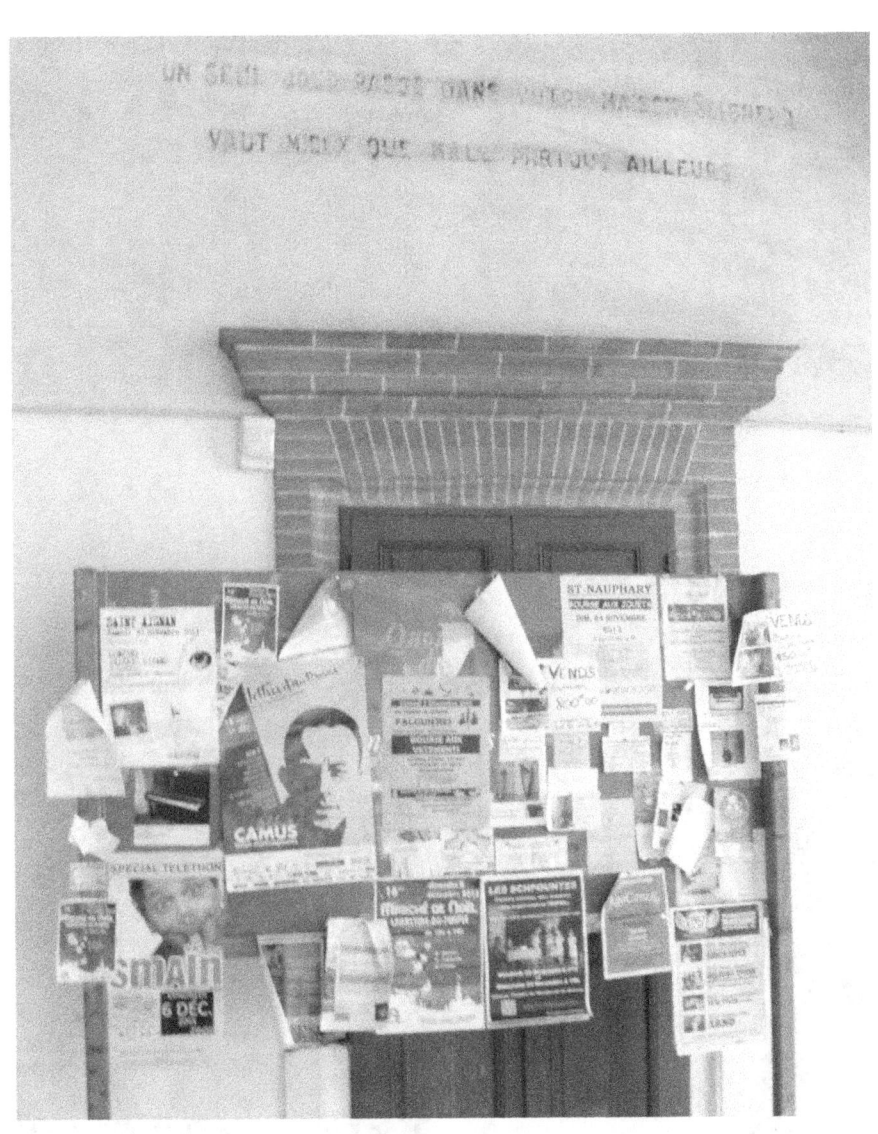

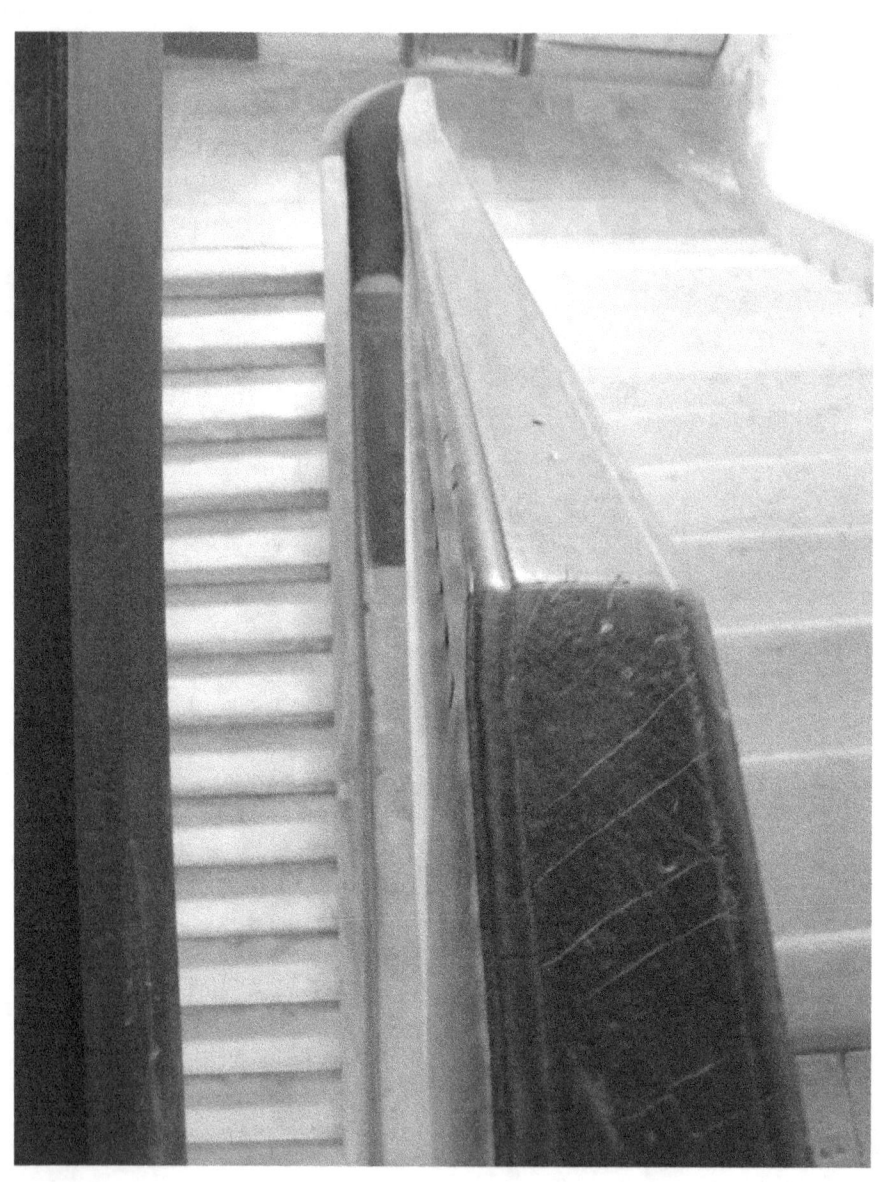

1802...

1802... C'est Victor Hugo...
Ce siècle avait deux ans...

Victor Hugo est né le 26 février 1802 à Besançon. Il est mort le 22 mai 1885 à Paris.

1802, on préfère l'oublier, c'est Napoléon et sa loi rétablissant l'esclavage en France... en France des colonies...
Et le 5 août 1802, Napoléon devient le premier Consul à vie... Démocratie d'après notre historique Révolution ! Le despote des conquêtes... Napoléon se voit bien dominer le monde...

Ce siècle avait deux ans ! Rome remplaçait Sparte,
Déjà Napoléon perçait sous Bonaparte,
Et du premier consul, déjà, par maint endroit,
Le front de l'empereur brisait le masque étroit.
Alors dans Besançon, vieille ville espagnole,
Jeté comme la graine au gré de l'air qui vole,
Naquit d'un sang breton et lorrain à la fois
Un enfant sans couleur, sans regard et sans voix ;
Si débile qu'il fut, ainsi qu'une chimère,
Abandonné de tous, excepté de sa mère,
Et que son cou ployé comme un frêle roseau
Fit faire en même temps sa bière et son berceau.
Cet enfant que la vie effaçait de son livre,
Et qui n'avait pas même un lendemain à vivre,
C'est moi.

Je vous dirai peut-être quelque jour
Quel lait pur, que de soins, que de vœux, que d'amour,

Prodigués pour ma vie en naissant condamnée,
M'ont fait deux fois l'enfant de ma mère obstinée,
Ange qui sur trois fils attachés à ses pas
Epandait son amour et ne mesurait pas !
Ô l'amour d'une mère! amour que nul n'oublie !
Pain merveilleux qu'un dieu partage et multiplie !
Table toujours servie au paternel foyer !
Chacun en a sa part et tous l'ont tout entier !

Victor Hugo

La mère de Jean-Gabriel Perboyre semble également avoir exercé une très forte influence sur son fils aîné.

Même si, entre la famille et son ordre religieux, il a rapidement choisi « *Il fut appelé à Paris pour ses études théologiques, et il devait passer à Cahors. Ses parents s'y rendirent afin de le voir ; ils le pressèrent de venir pour quelques jours dans son hameau natal : « Ce n'est pas le chemin du ciel, répondit-il ; pour aller au ciel, il faut des sacrifices. »* »

« *On était alors aux vacances de 1832, et il venait de passer quelques jours dans sa famille ; c'est, croyons-nous, la seule fois qu'il s'y soit rendu. Il avait à la consoler d'un coup bien cruel : son jeune frère Louis, entré comme lui dans la Congrégation, avait succombé en se rendant en Chine.* »

Cette version "officielle" est "heureusement fausse" : ses lettres témoignent d'au moins une dizaine de jours en octobre 1827 (lettre 9) et trois ou quatre en septembre 1828 (lettre 16). Et il y eut de nombreuses lettres même si elles s'adressent au père ou aux frères. La mère ne recevant que des salutations. Quand le vicaire lui apporte la "triste nouvelle", pour l'édification des masses, après quelques larmes, elle explique « *Que ferai-je en me lamentant ? Ses lettres depuis qu'il est en Chine nous ont exprimé de manière bien vive combien il désirait le martyre... Pourquoi hésiterai-je à faire à Dieu le sacrifice de mon fils ? La Sainte Vierge n'a-t-elle pas généreusement sacrifié le sien pour mon salut ? D'ailleurs je ne croirais pas aimer véritablement mon fils si je m'affligeais, sachant qu'il est maintenant au comble de ses vœux.* » (dans, une semence d'éternité, Jean-Yves Ducourneau, 1996)

Il convient néanmoins de relativiser le soutien familial à sa vocation de Martyr. Ainsi, à son frère Antoine, le 13 septembre 1838, de Macao, il écrivait « *Mes confrères qui sont venus dans ce pays y vivent comme ailleurs, et quelques fatigues qu'ils aient à essuyer, ils sont très contents d'avoir fait le sacrifice de tout pour apporter la lumière de la foi parmi les Infidèles. Vous reconnaissez que Notre Seigneur m'a fait une grande grâce en me donnant la même vocation ; j'espère que vous finirez par vous en réjouir. Vous savez bien que notre vrai bonheur ne consiste pas à avoir toutes sortes de consolations en ce monde, mais à faire la volonté de Dieu, à le servir et à le faire servir autant que nous le pouvons. Vous m'avez dit qu'en partant, je vous priverais des bons avis que je pouvais vous donner en France. D'abord il faut vous rappeler que Dieu a spécialement chargé de votre salut votre pasteur et votre confesseur. C'est à eux que vous devez*

souvent recourir pour recevoir leurs instructions et leurs conseils. Si donc vos affaires spirituelles n'allaient pas, il faudrait l'attribuer à votre négligence et non au défaut de moyens salutaires et à mon éloignement. D'ailleurs, éloigné comme rapproché, je ne cesserai de vous exciter et de vous encourager à la vertu et à la pratique de tous vos devoirs.
Notre respectable cousin, M. le Curé de Catus, voudra bien aussi vous rendre ce même service. »
Ce qui ne signifiait nullement qu'il s'imaginait en vieux missionnaire. Quelques jours plus tôt, le 9 septembre 1835, dans ses nouvelles à son "très honoré confrère", Pierre Le Go, resté à Paris : « *Nous avons cependant commencé à étudier le Chinois. M. Ly est notre professeur. Je crois qu'il m'en coûtera long d'apprendre cette langue ; à en juger d'après les premières apparences, je ne m'en tirerai pas avec autant d'honneur que M. Gabet et M. Perry. On dit que M. Clet ne l'a parlée qu'avec une grande difficulté. Mes précédents me donnent quelques traits de ressemblance avec lui. Puissè-je ressembler jusqu'à la fin à un vénérable confrère dont la longue vie apostolique a été couronnée par la glorieuse palme du martyre !*"

1802... 1809 : la naissance de Charles Darwin. Mort en 1882. JGP n'a donc jamais été confronté à ses "théories." Il fut de la dernière génération d'avant cette compréhension. Il aurait sûrement réagi en s'en référant à la position du pape, la voix contemporaine et incontestable de Jésus...

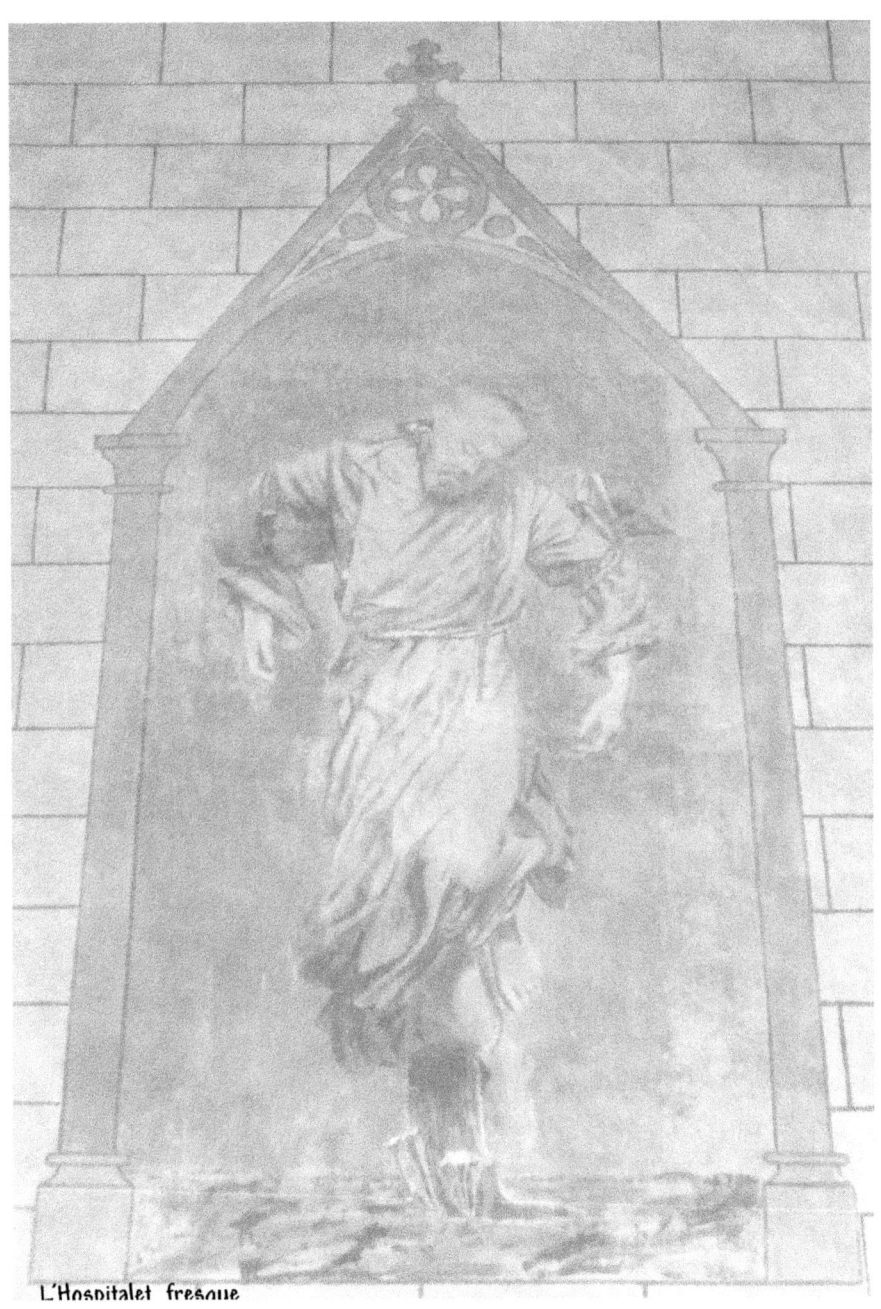
L'Hospitalet fresque

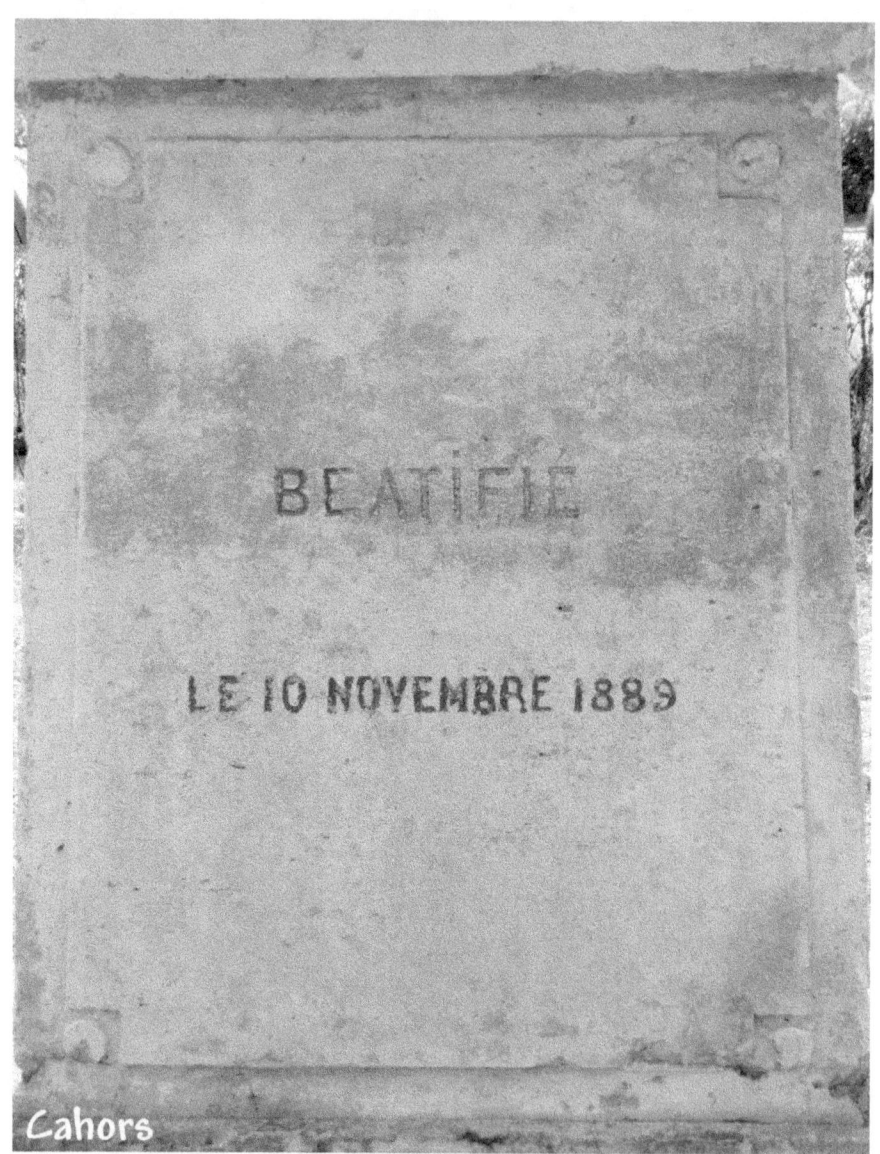

Vitraux, statues, tableaux, une fresque

De nombreux vitraux présentent "le Bienheureux Jean-Gabriel Perboyre".
Souvent dans des églises rarement ouvertes.
Encore plus fréquentes, à l'intérieur de ces monuments chrétiens, des statues, du "*Bienheureux*" parfois actualisé en "*Saint*." On peut regretter que la plupart semblent avoir été réalisées en séries.

Quelques tableaux. Une fresque.

Deux statues à l'extérieur. À Montgesty où il est né, a vécu ses quatorze premières années, n'est repassé sûrement que trois fois, à Cahors où il ne semble s'être arrêté qu'une fois pour saluer ses parents, pressé de rejoindre Paris au point de ne pas profiter du voyage pour séjourner à la maison familiale.

Les maîtres verriers appelés sont nombreux : Gustave-Pierre Dagrant (Bordeaux), Joseph Broué (Montauban), J. Gibert (Montauban) , sûrement Louis-Victor Gesta (Toulouse) et des créateurs non identifiés.

Magnifiques représentations des maîtres verriers. Mais elles me gênent ! Oh je ne les accuse pas : ils ont respecté une demande, une falsification de la réalité. Si le mensonge est plus beau que la vérité, représentez le mensonge !
« *Le bourreau commença par le dépouiller de la robe rouge qu'on lui avait mise, ne lui laissant que son caleçon ; puis il l'attacha au gibet qui avait la*

forme d'une croix. Ses deux mains, ramenées sur le dos, furent liées à la pièce transversale, et ses deux pieds repliés par derrière lui donnaient l'attitude d'un homme à genoux, à cinq ou six pouces au-dessus de terre. L'exécuteur lui mit alors au cou la corde qui devait l'étrangler, et un bâton, qui en tenait les extrémités, lui servit à produire la fatale torsion. »

Jean-Gabriel Perboyre ne fut jamais attaché au gibet vêtu de la robe rouge des condamnés. C'est en caleçon qu'il est mort. Pourquoi ce choix ? Jésus est pourtant modestement vêtu. Qui a décidé qu'il n'était pas possible d'aller aussi loin dans la ressemblance d'avec son « maître » ? Certes, cette robe rouge participe à la beauté des représentations… et on ne peut donc qu'apprécier la diversité en notant l'utilisation pour les vitraux du mauve à Cézac et du vert à Montauban, également repris avec bonheur dans la statue de l'église de Villeneuve sur Lot.

Combien de rues, avenues, places Jean-Gabriel Perboyre ? Je n'ai trouvé qu'une "impasse Perboyre", à Cahors. Encore une raison de s'étonner…

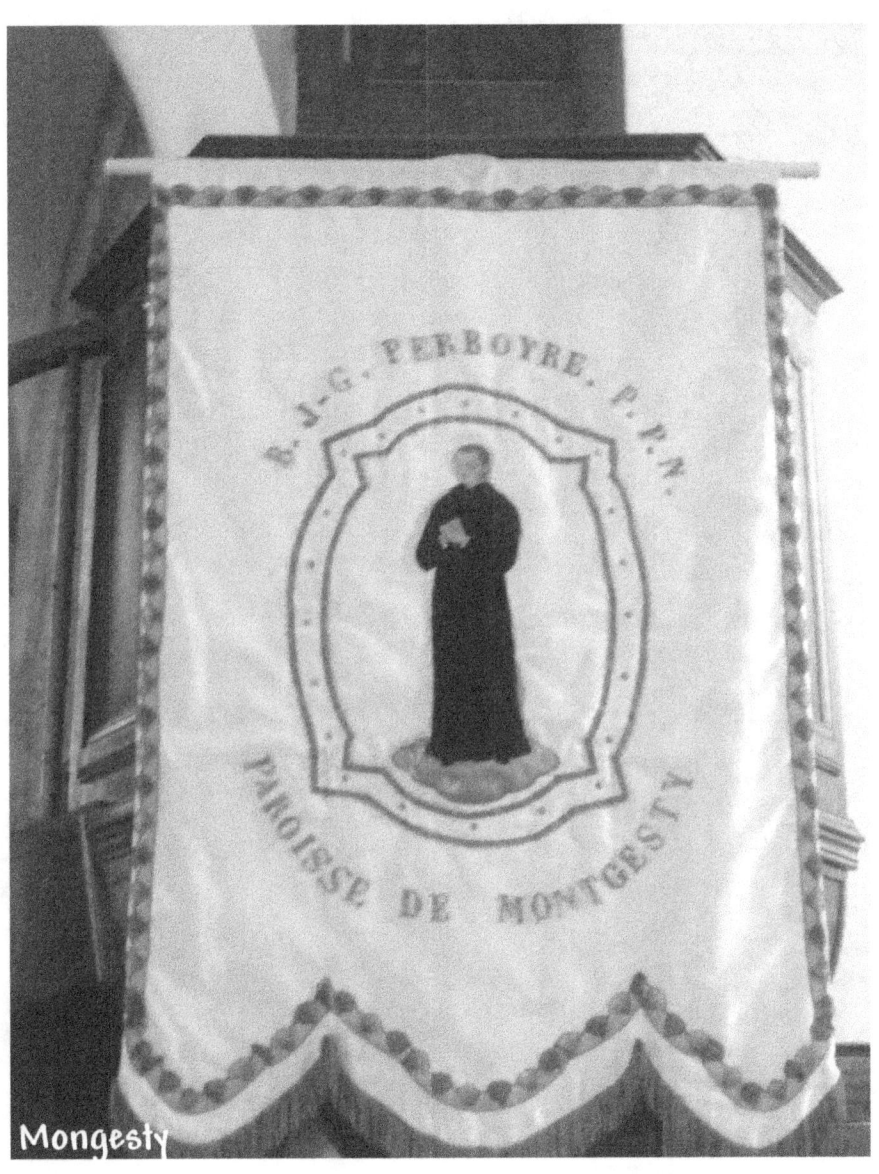

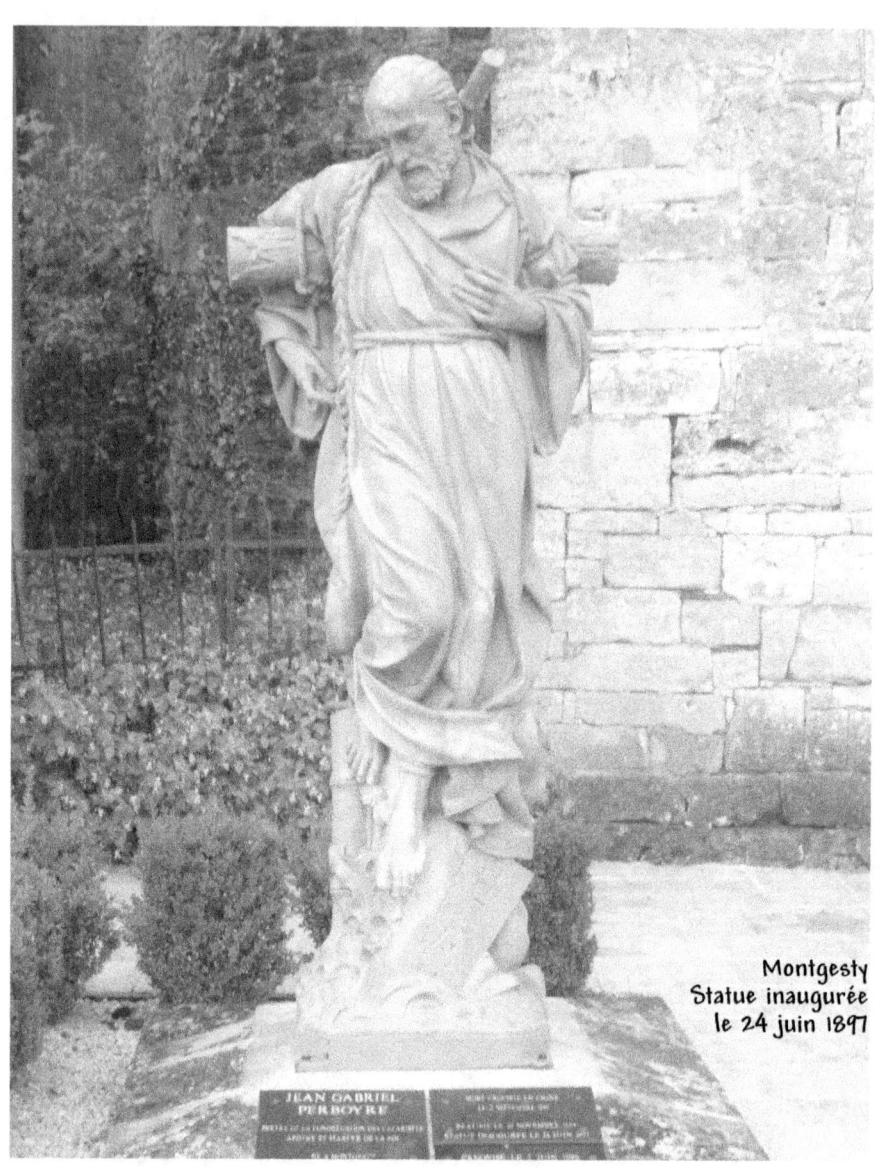

Montgesty
Statue inaugurée
le 24 juin 1897

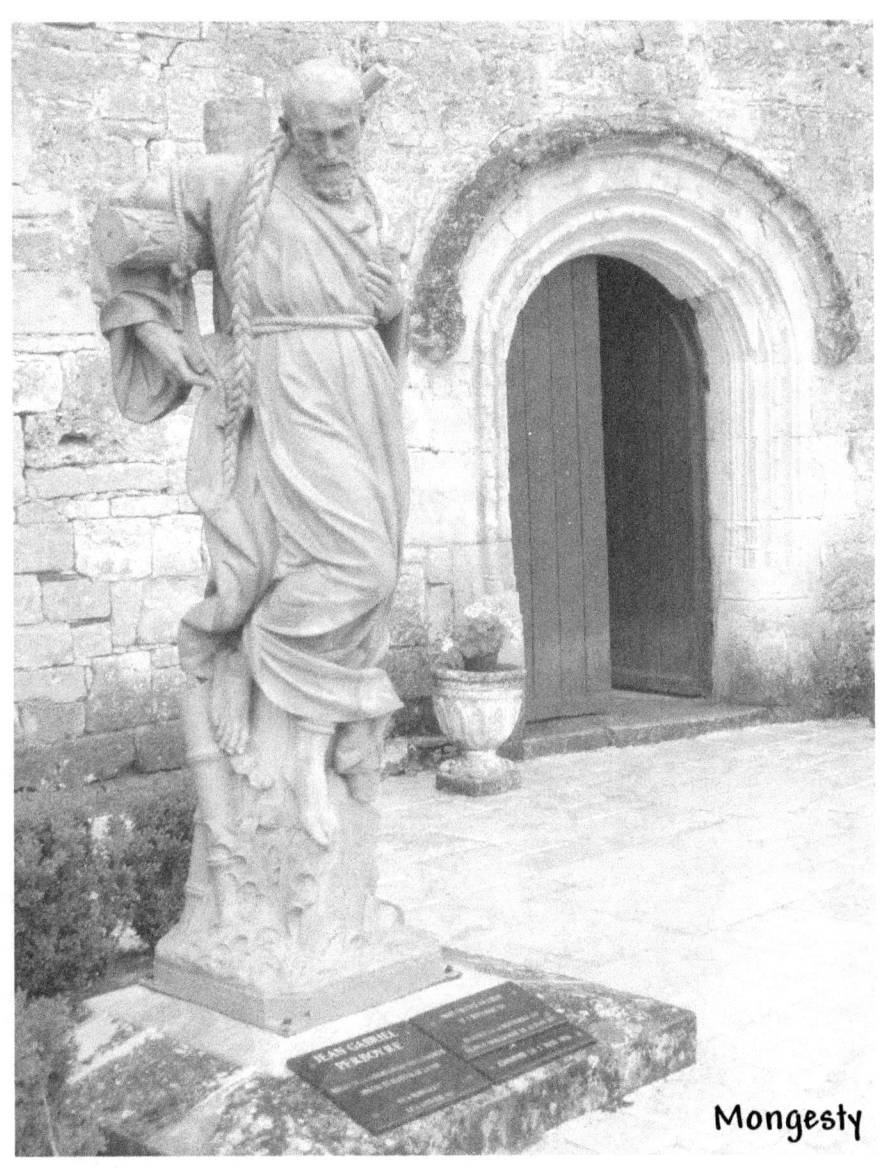

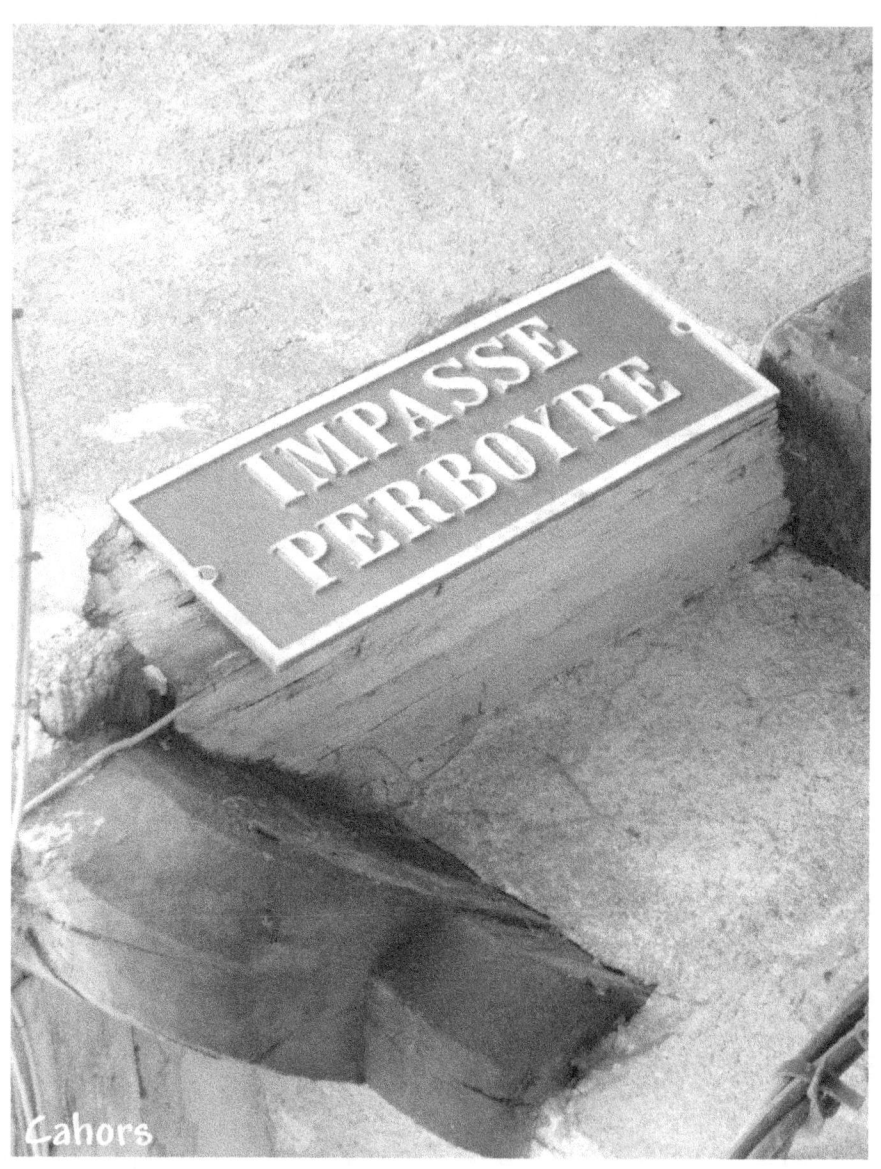

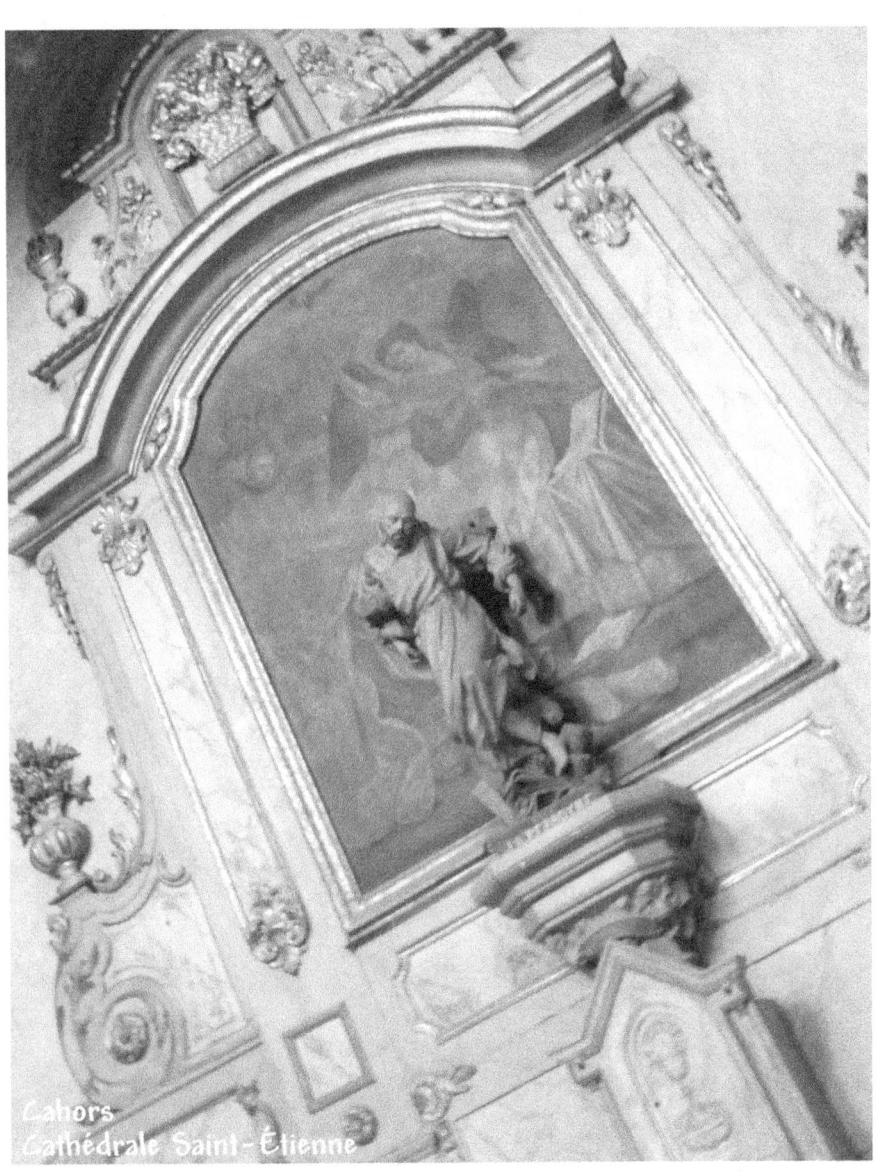

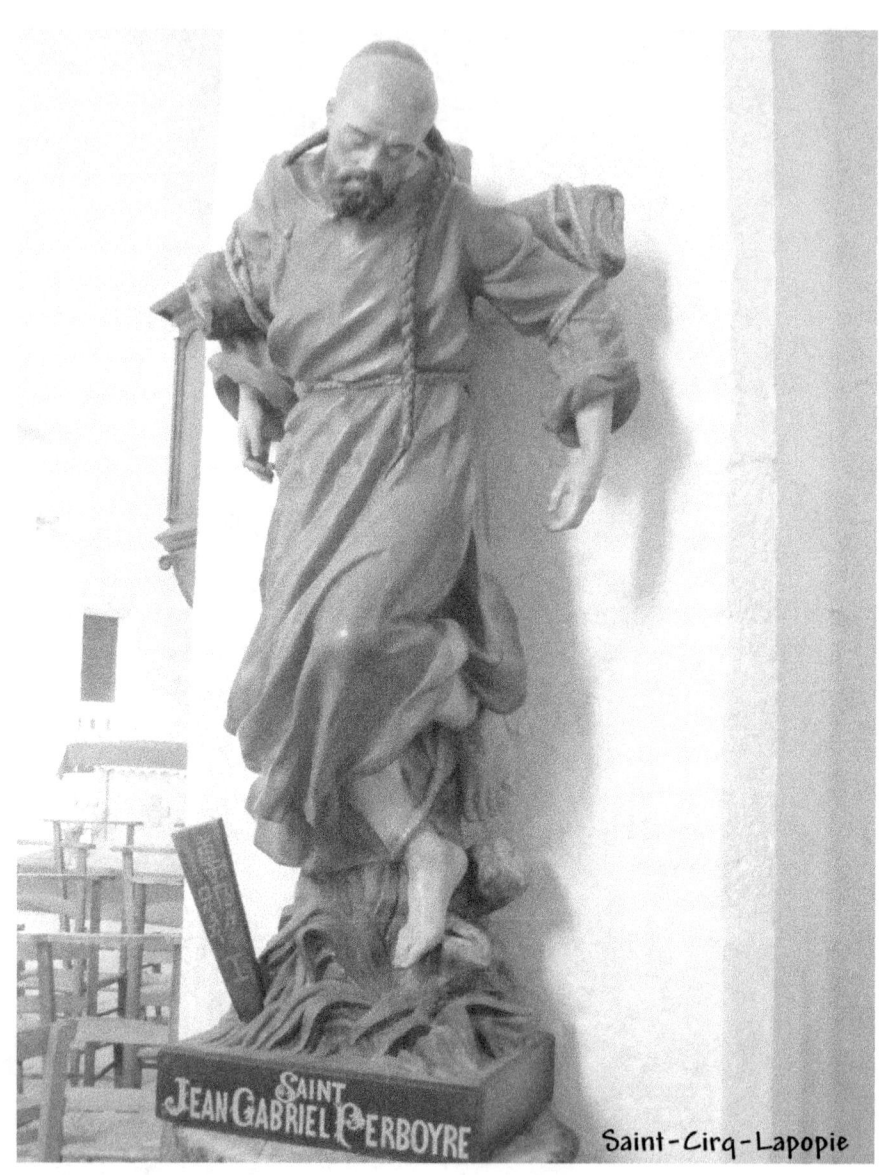
Saint-Cirq-Lapopie

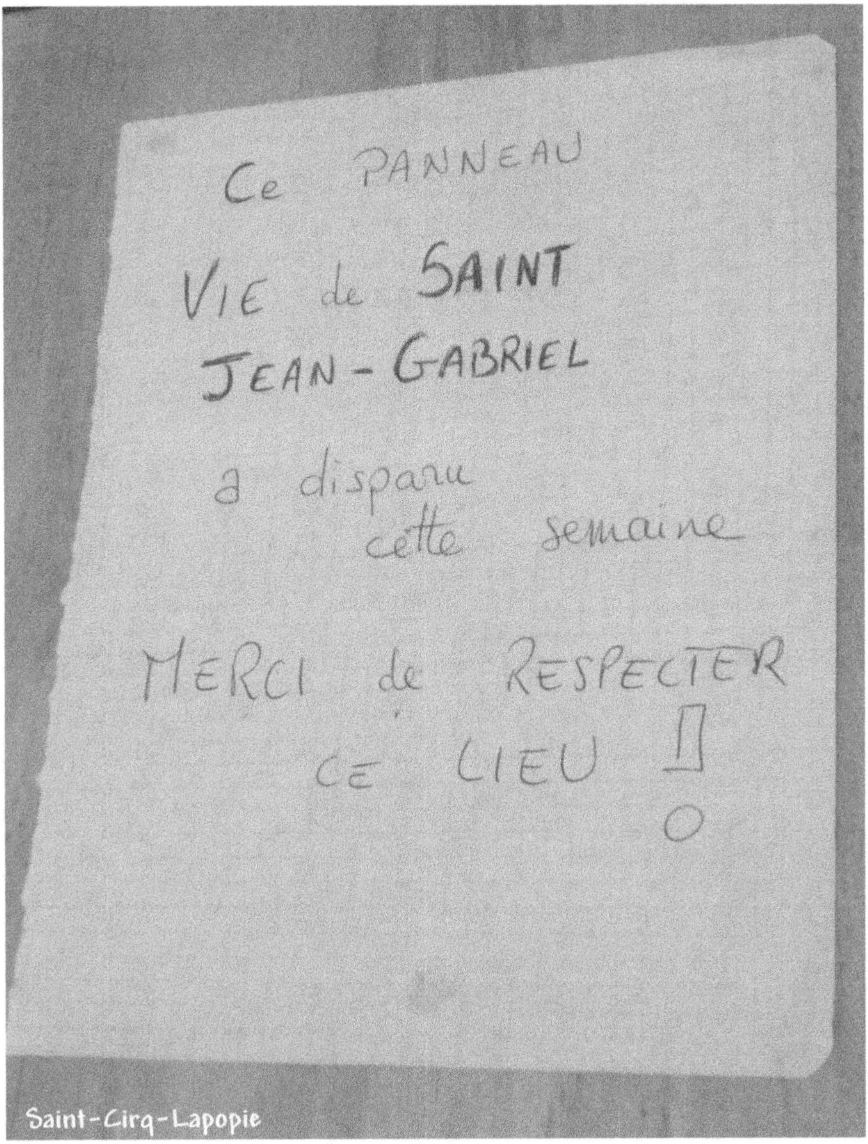

> Ce PANNEAU
> VIE de SAINT
> JEAN - GABRIEL
>
> a disparu
> cette semaine
>
> MERCI de RESPECTER
> CE LIEU !!

Saint-Cirq-Lapopie

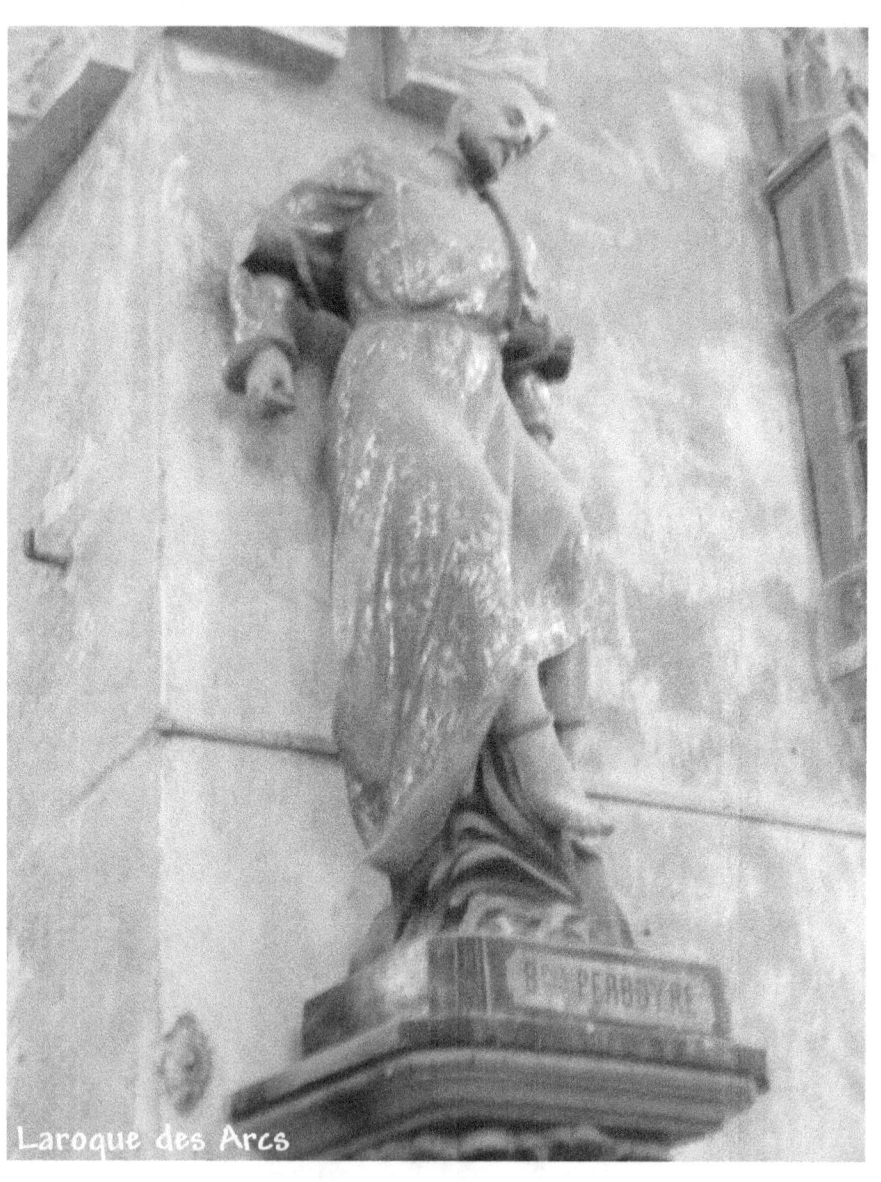

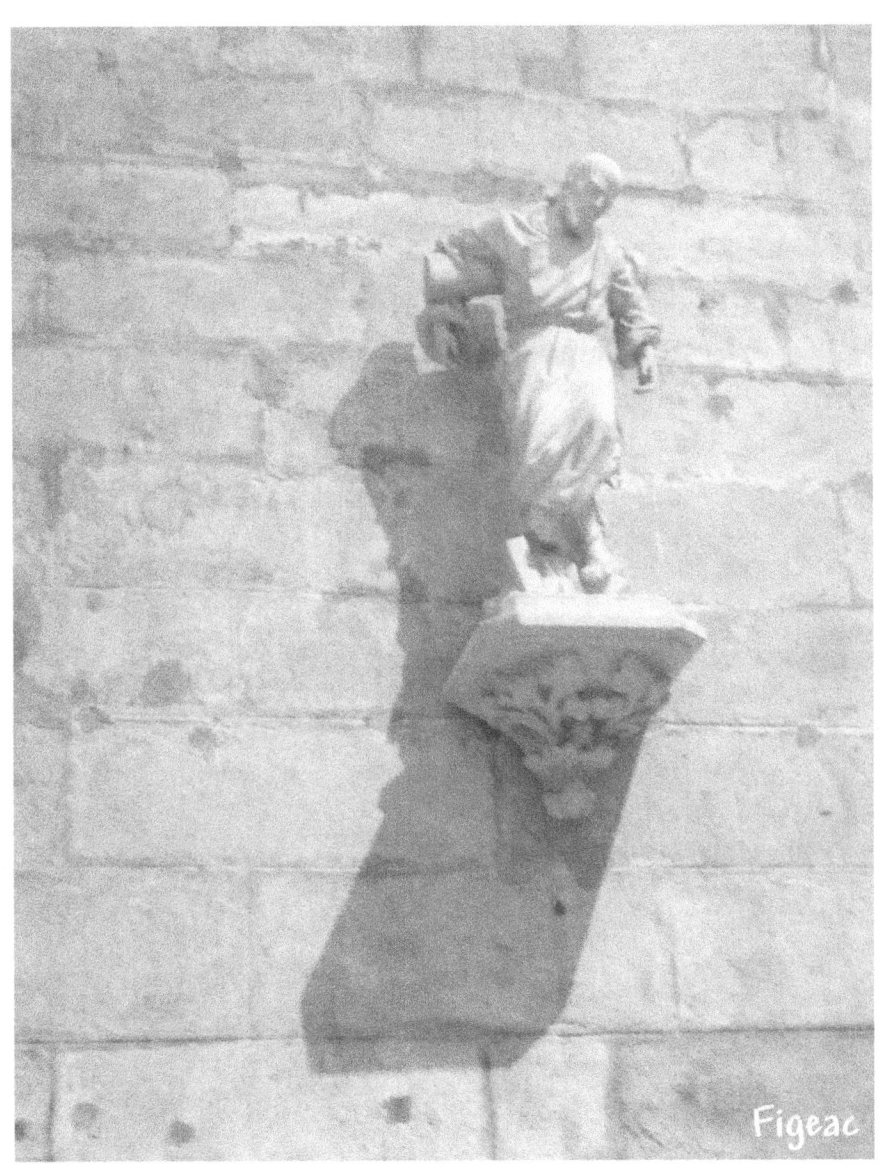

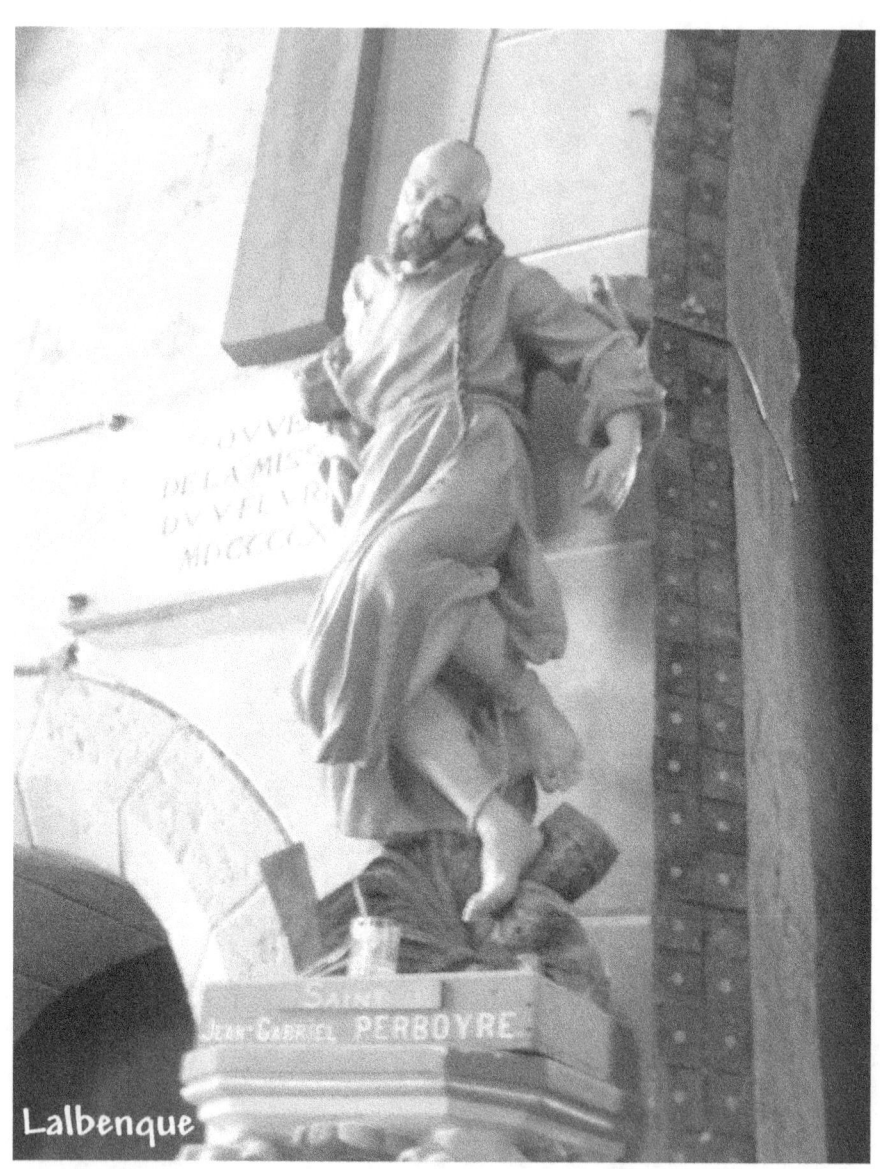

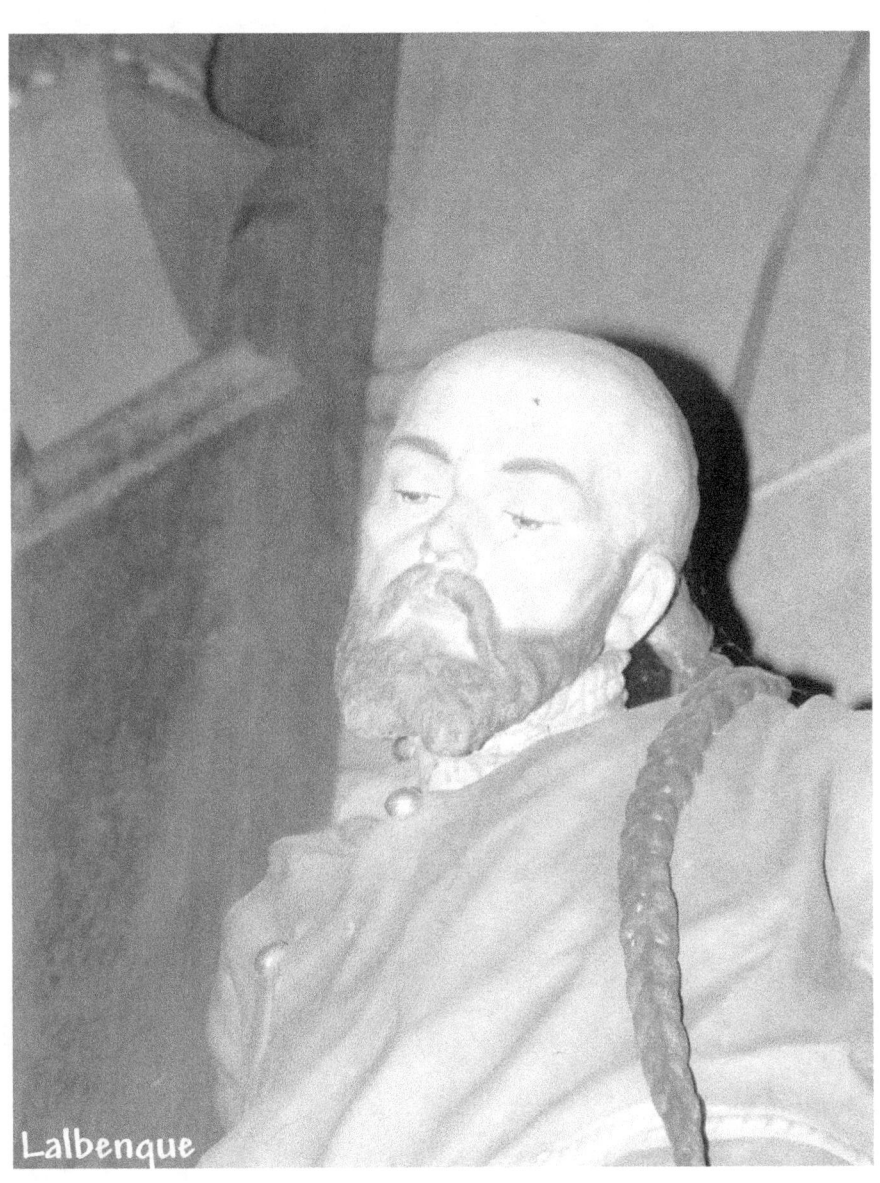

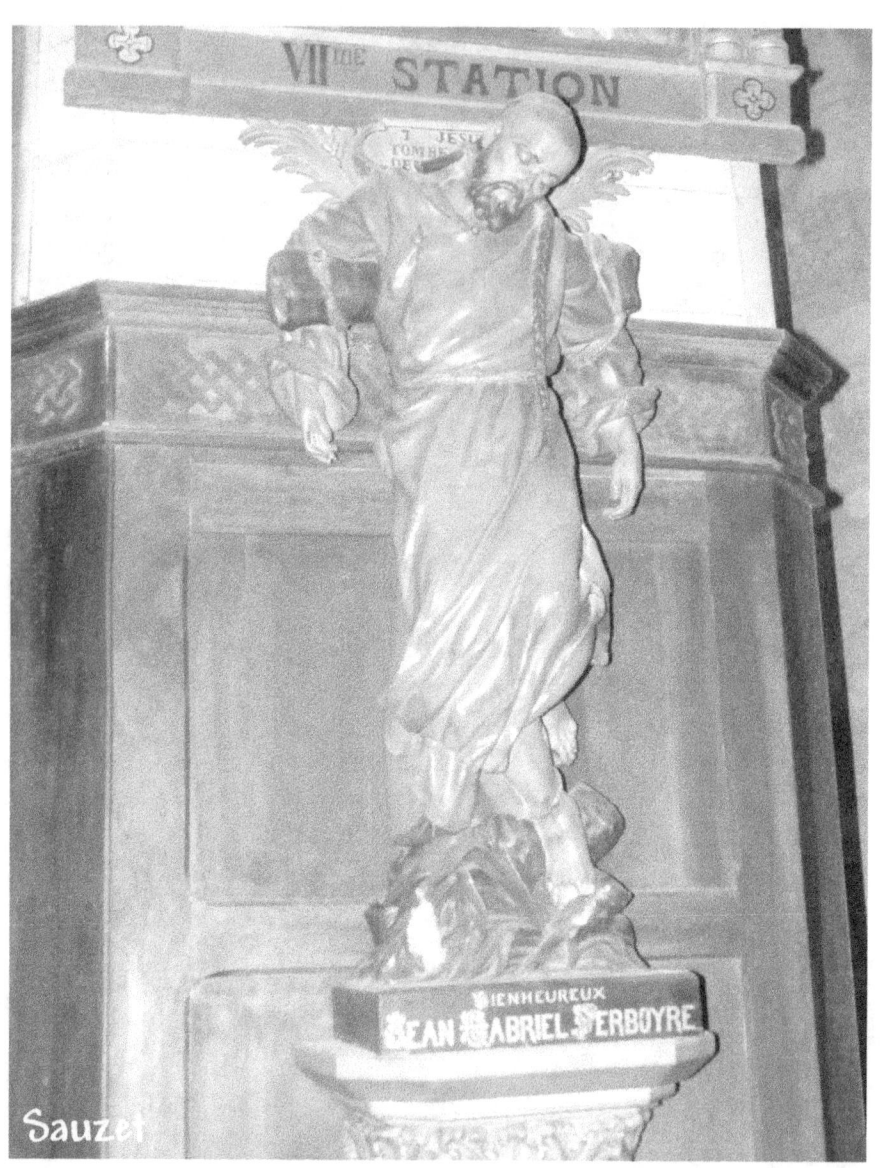

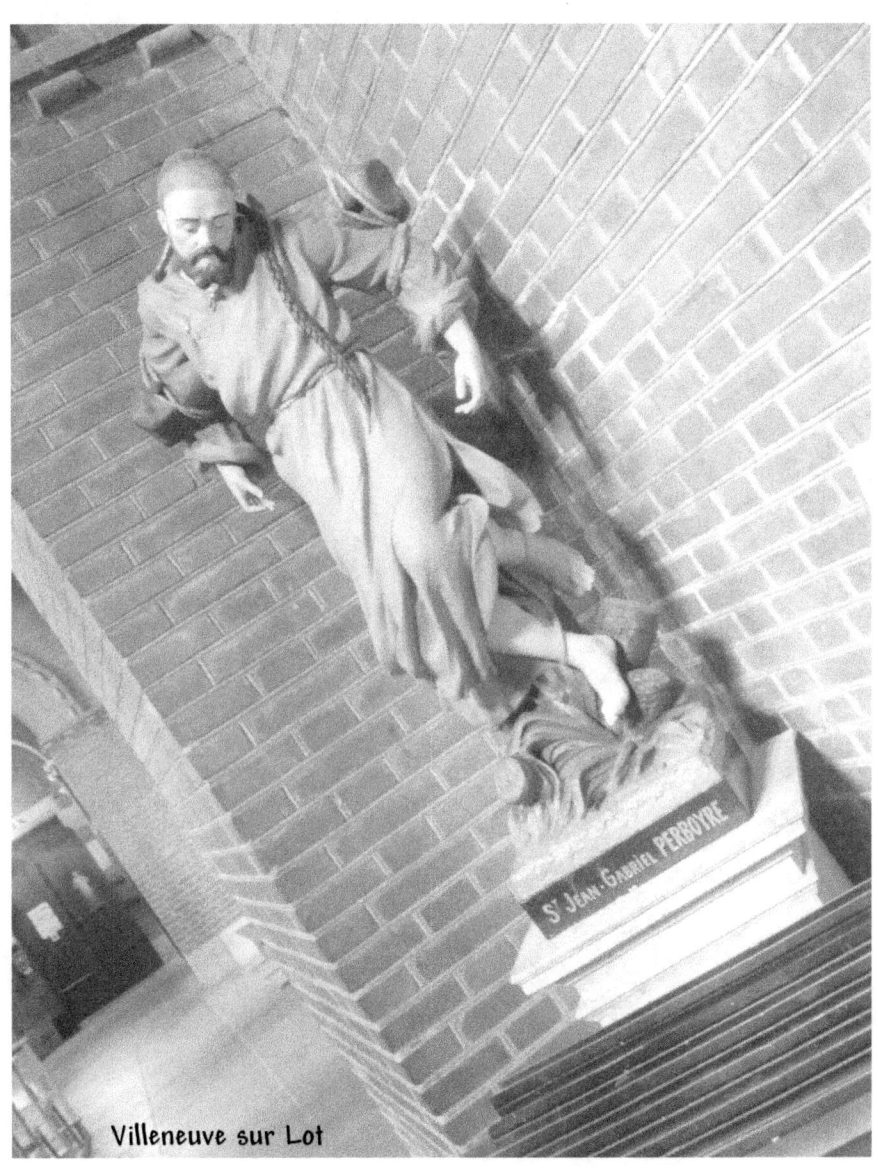
Villeneuve sur Lot

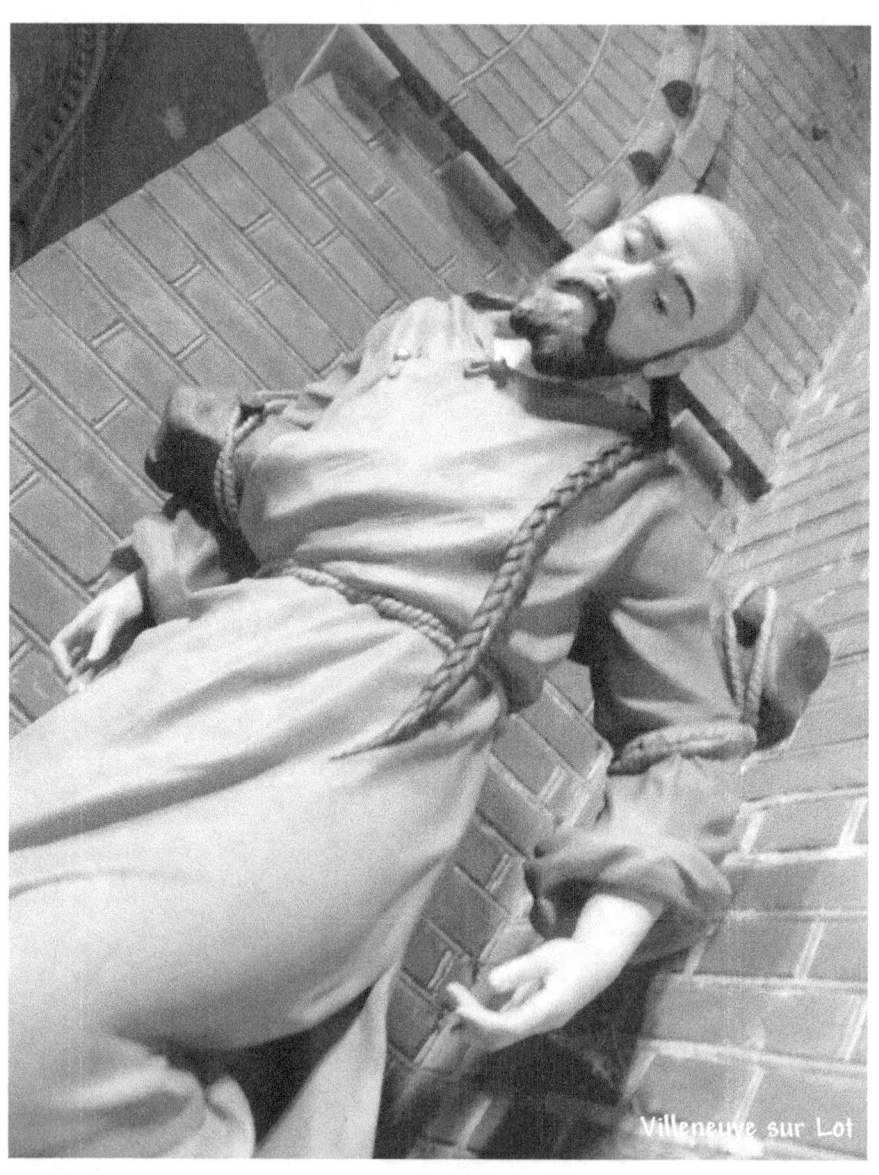

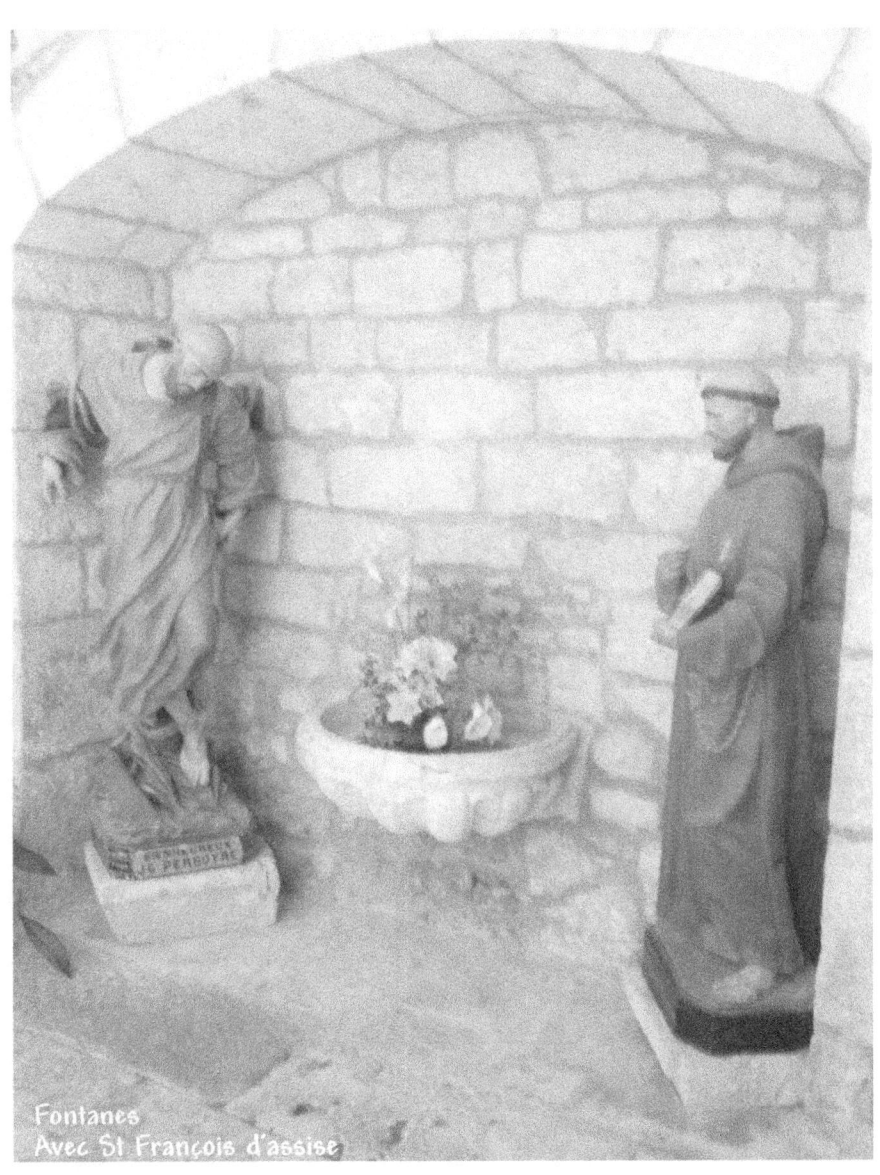

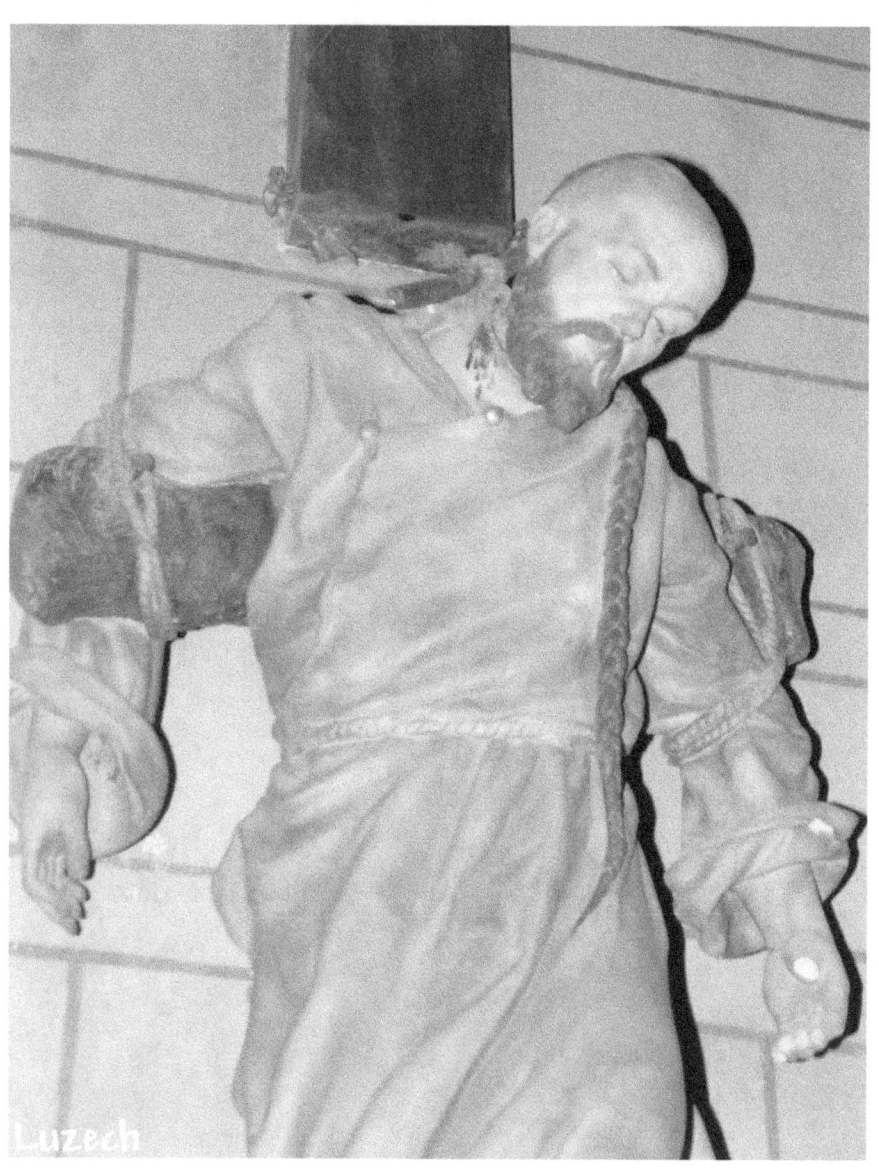

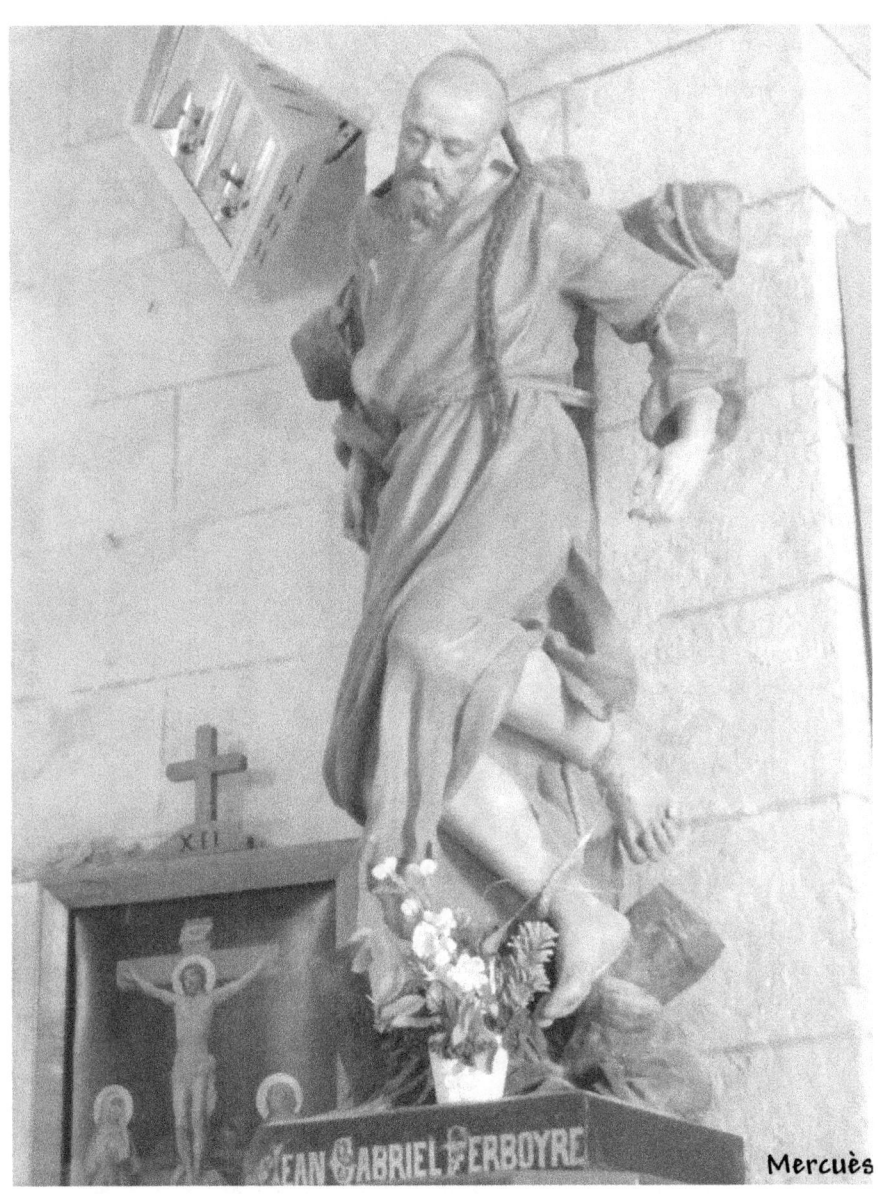

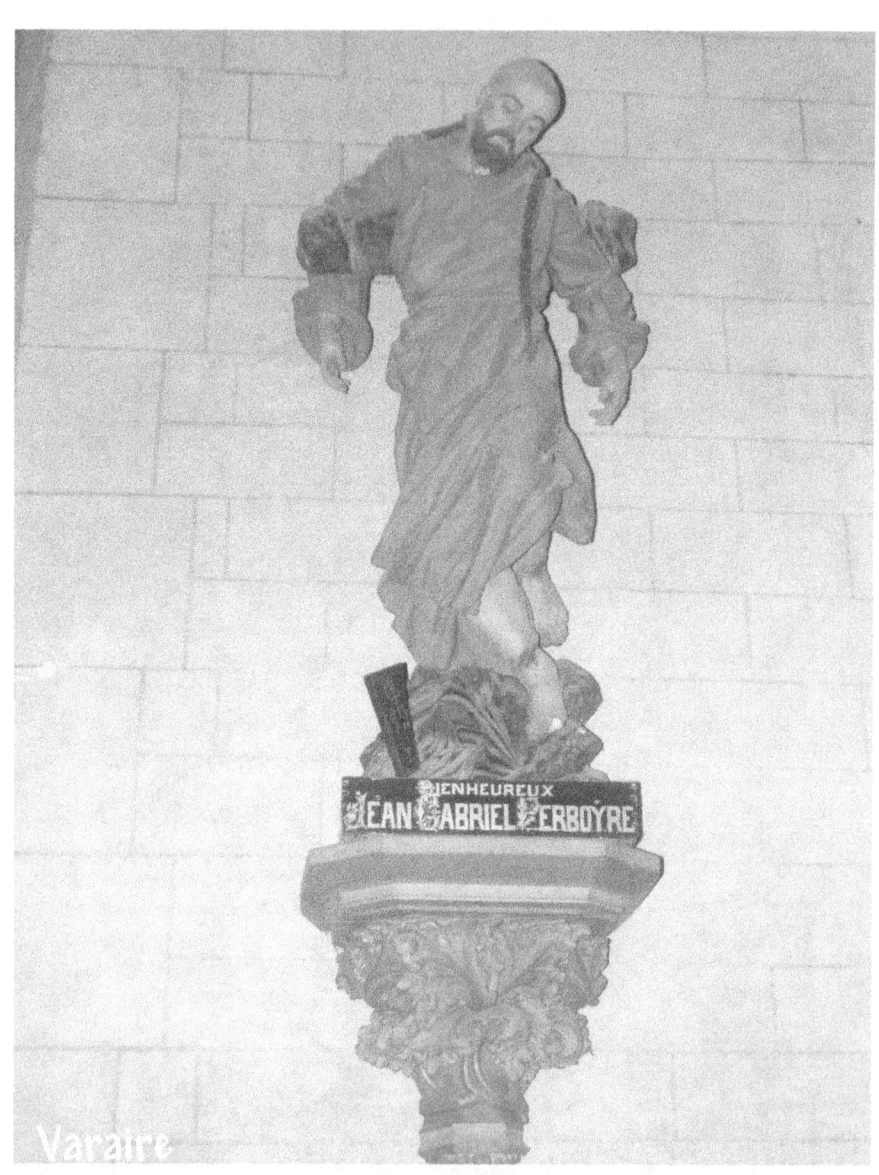

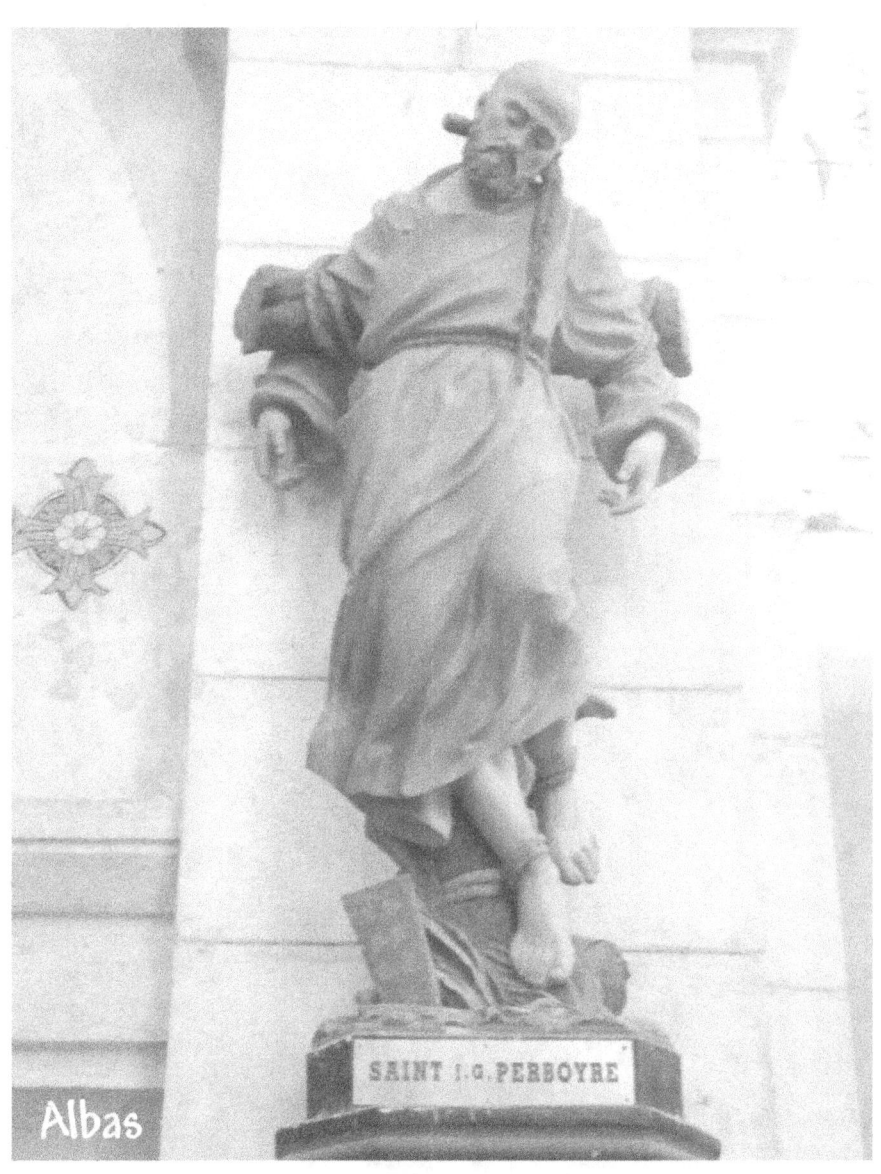

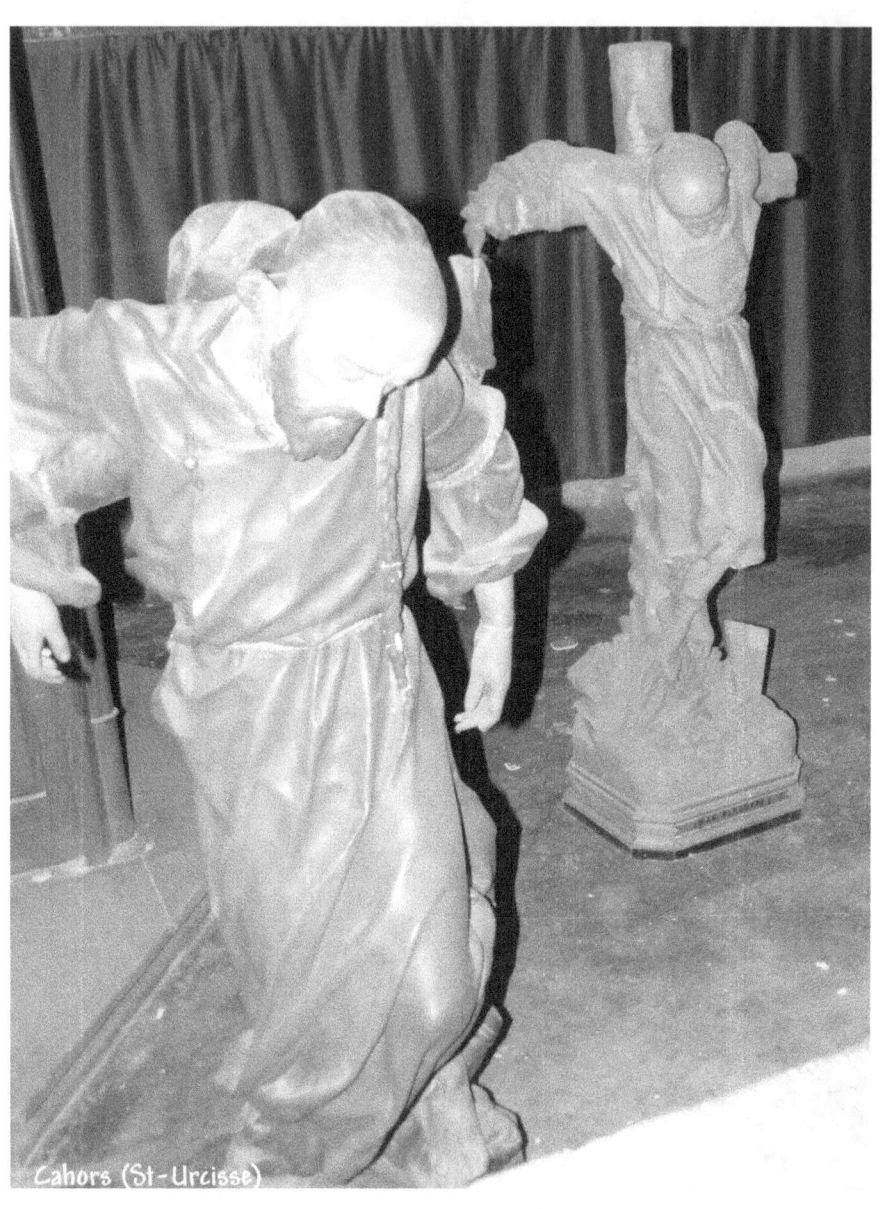

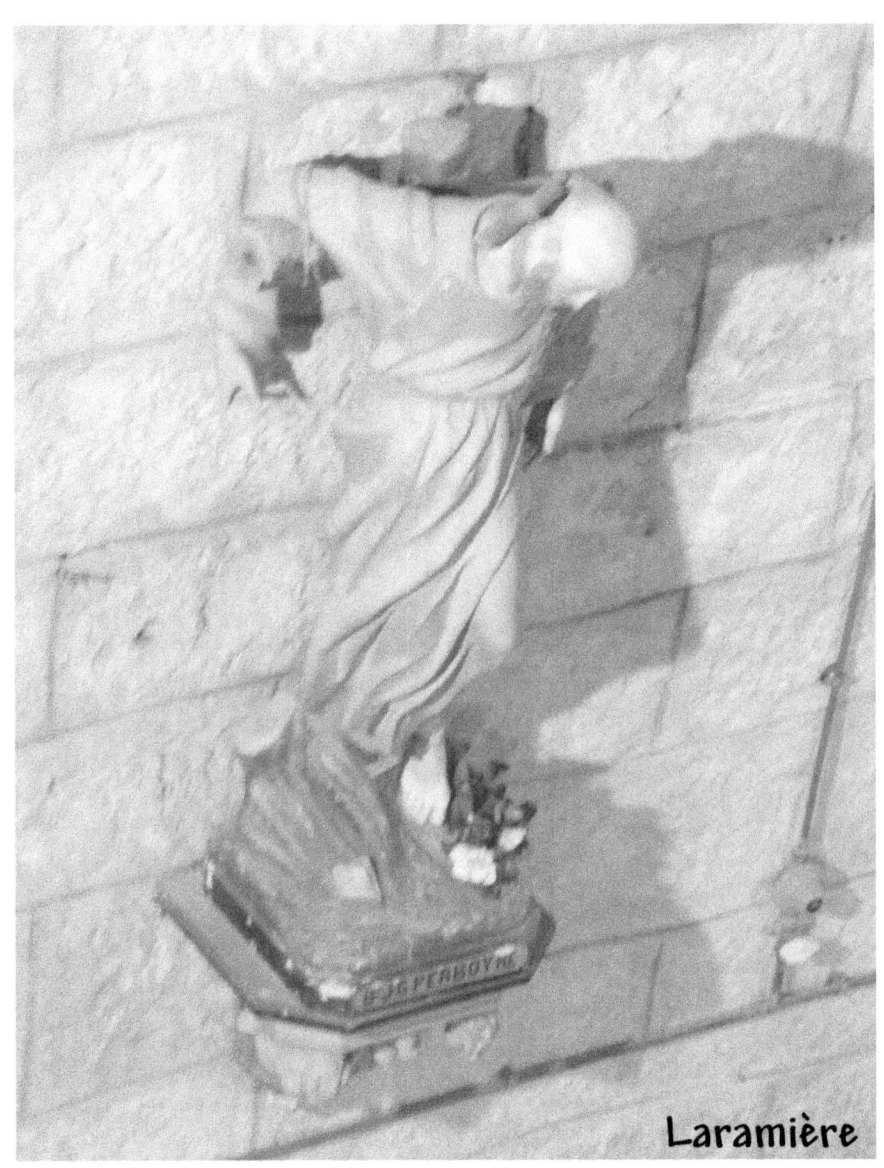

Laramière

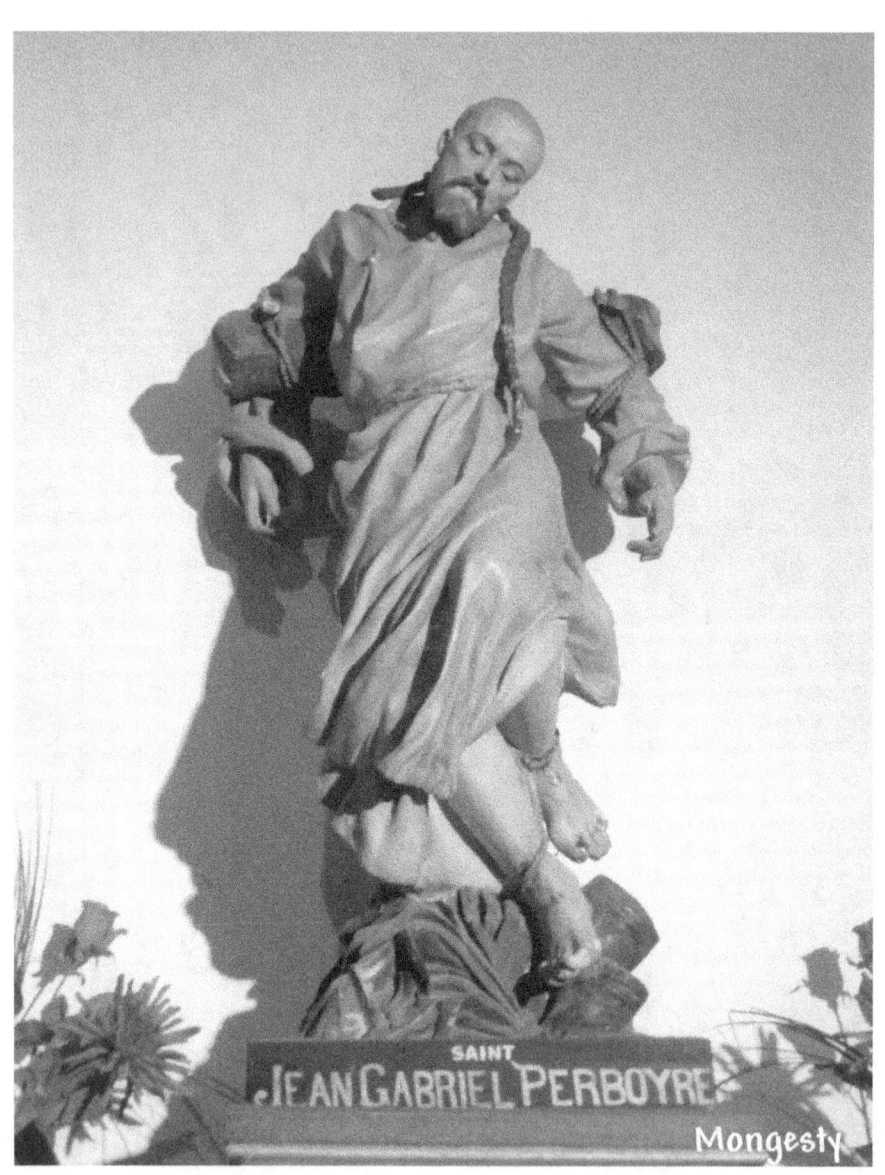

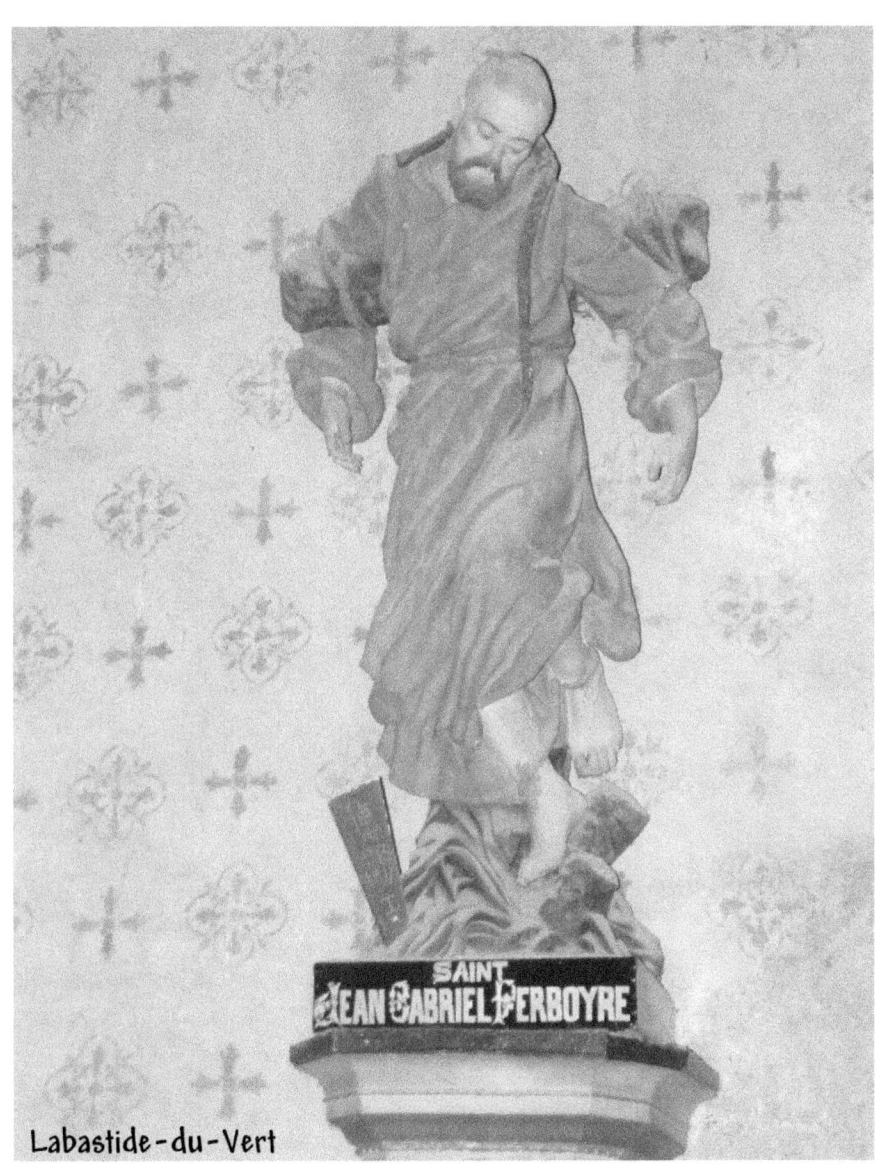

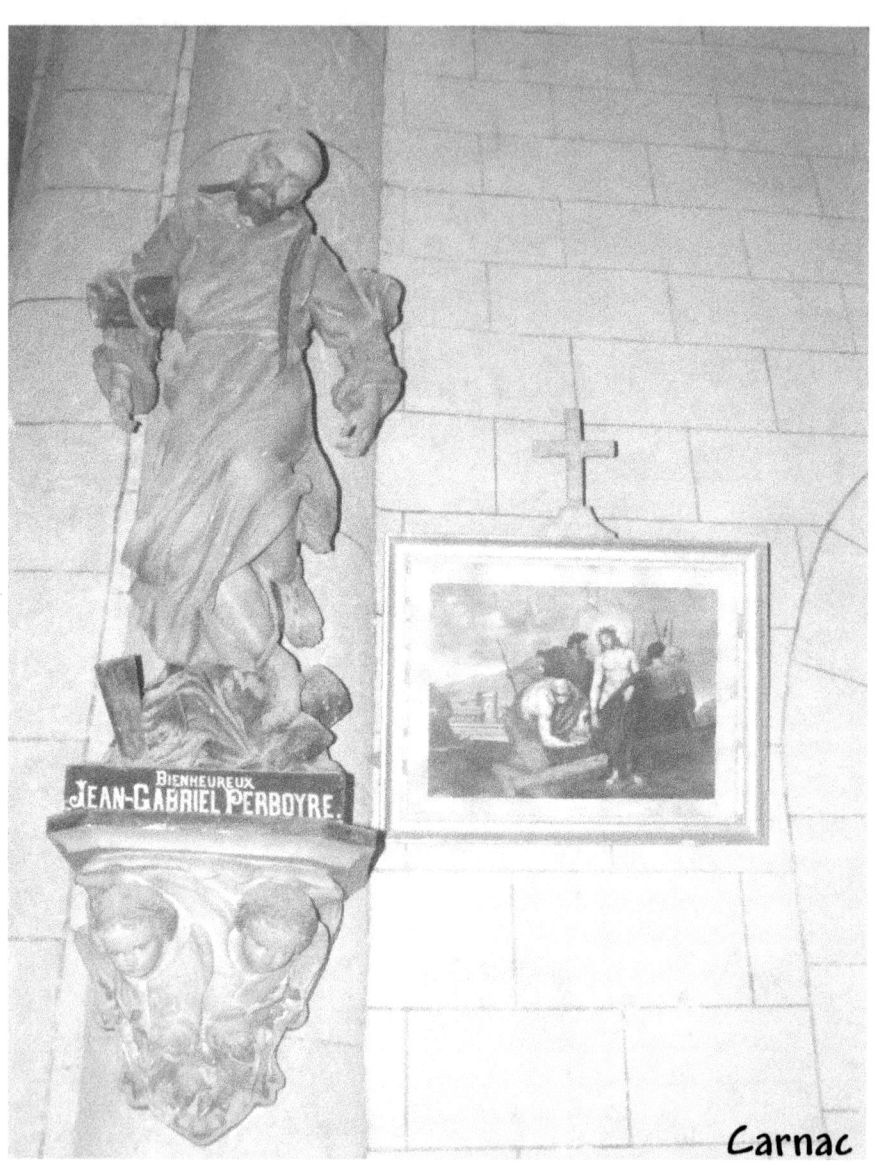

Carnac

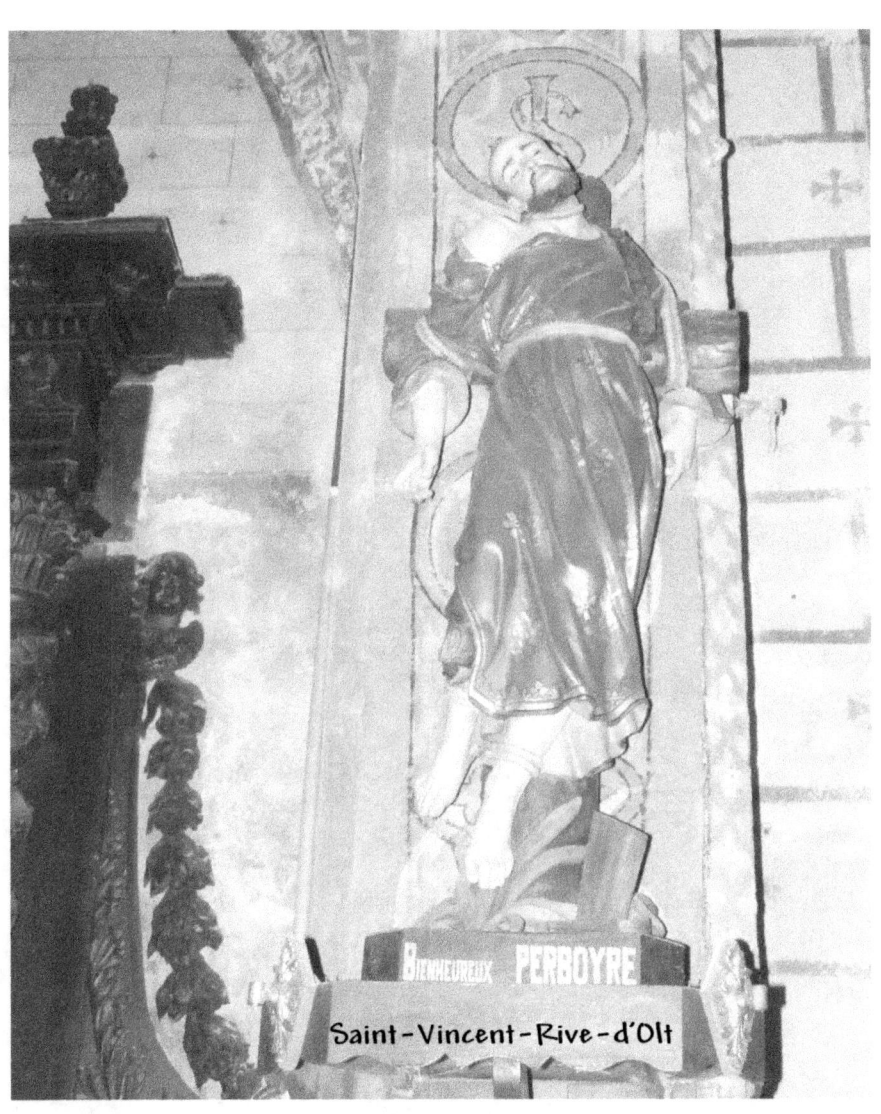

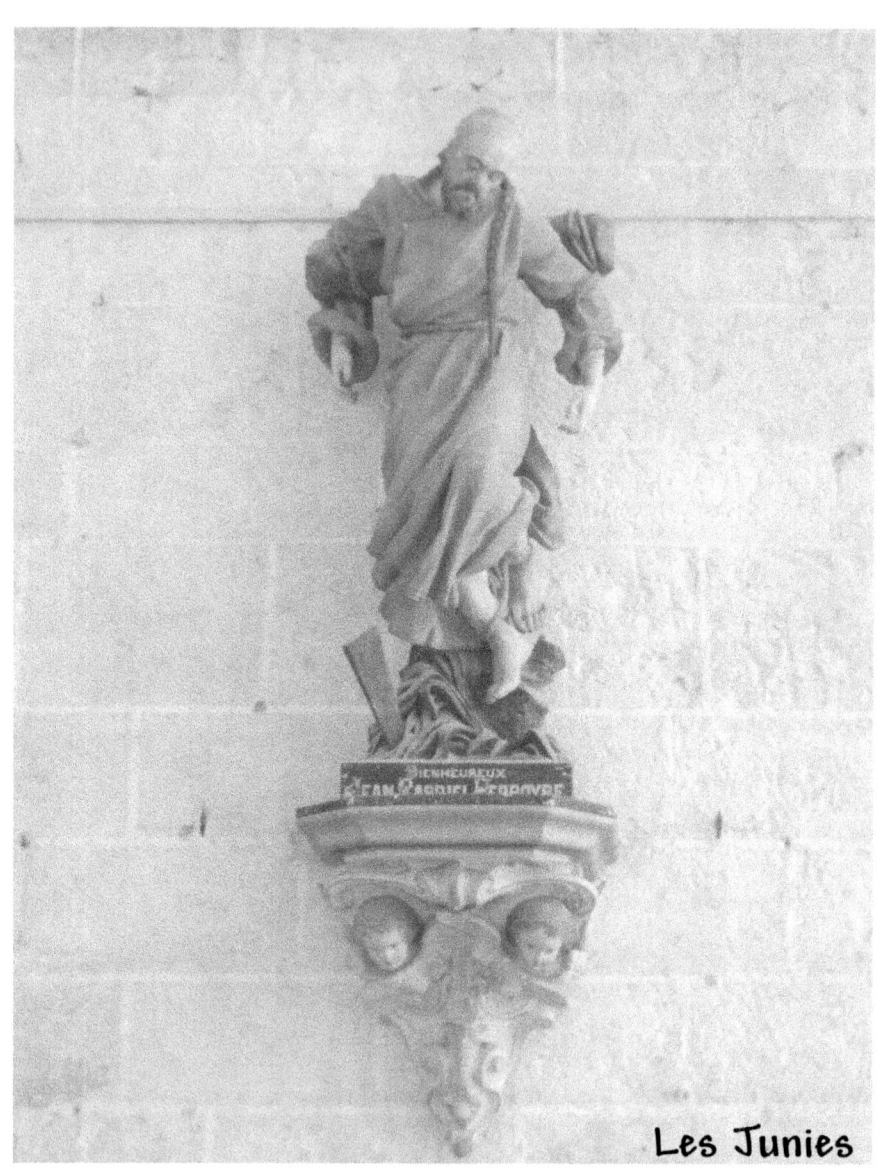

Les Junies

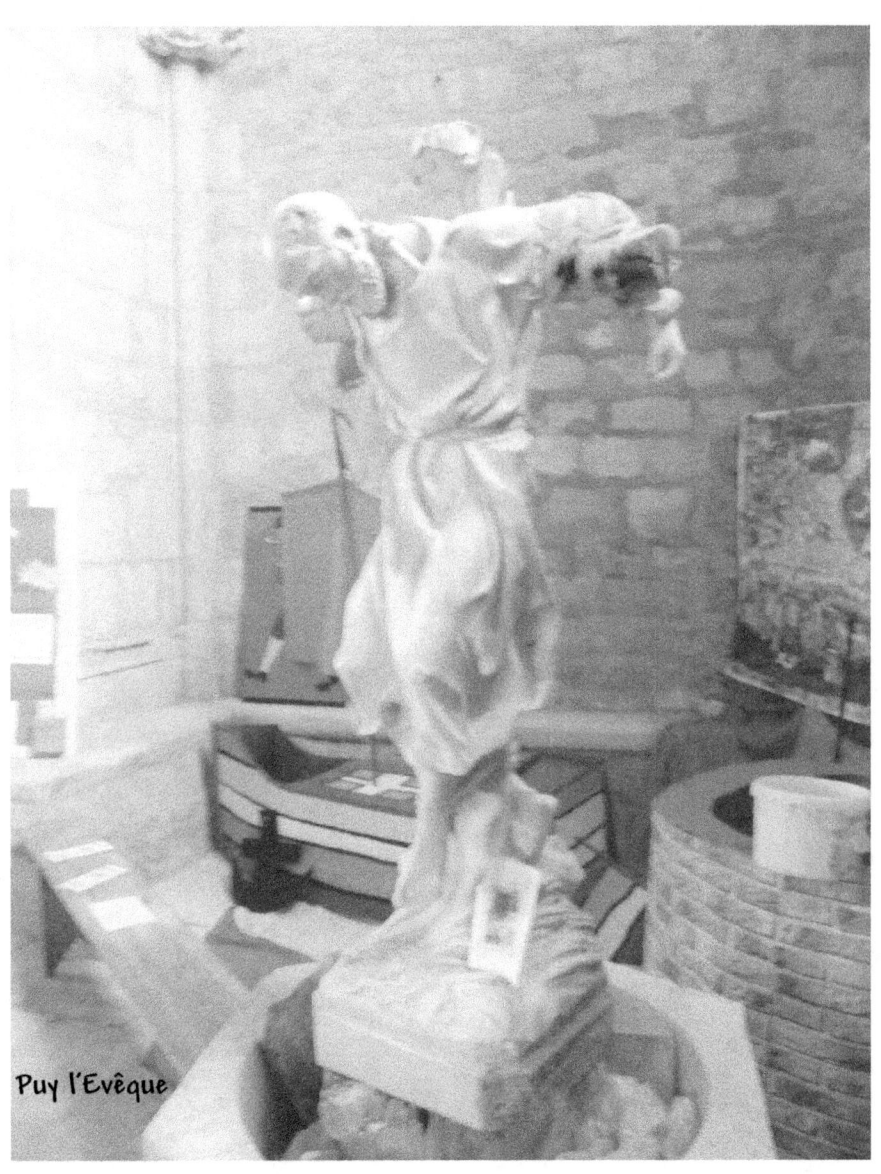
Puy l'Evêque

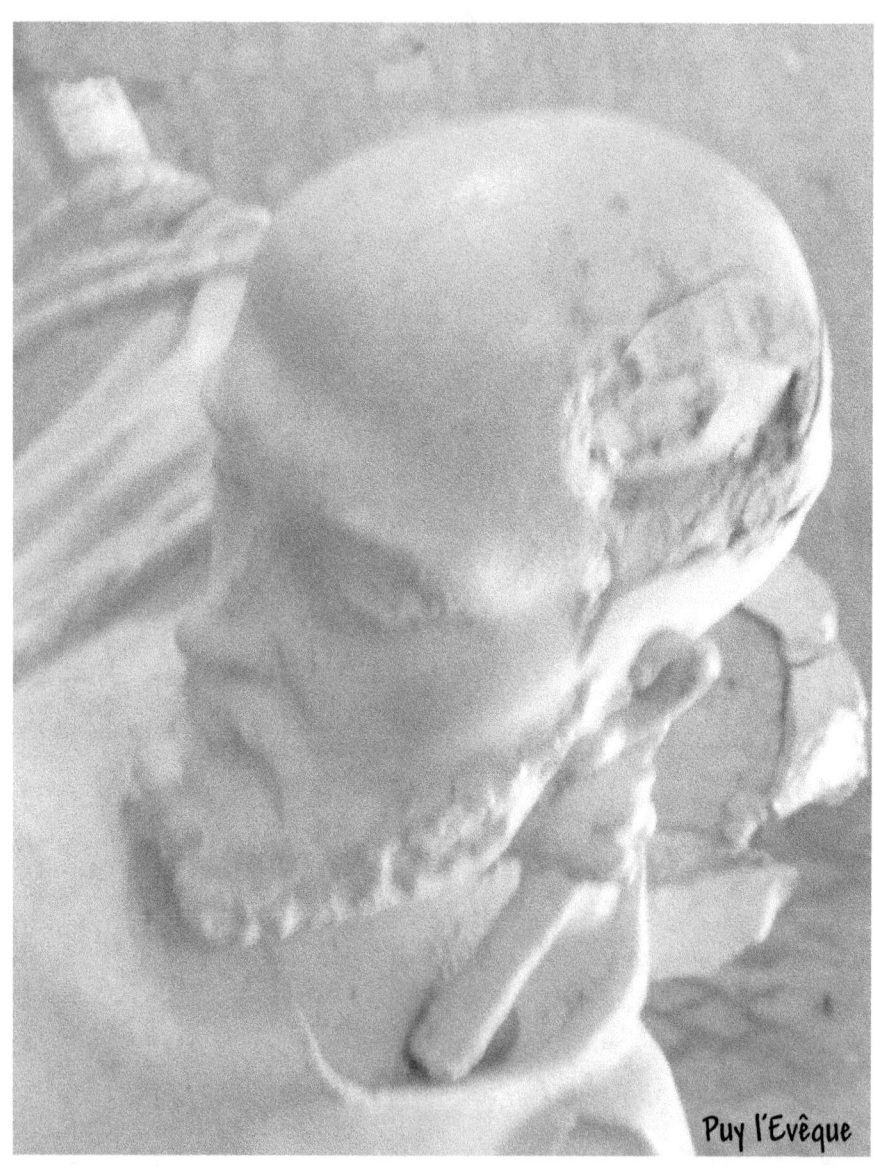

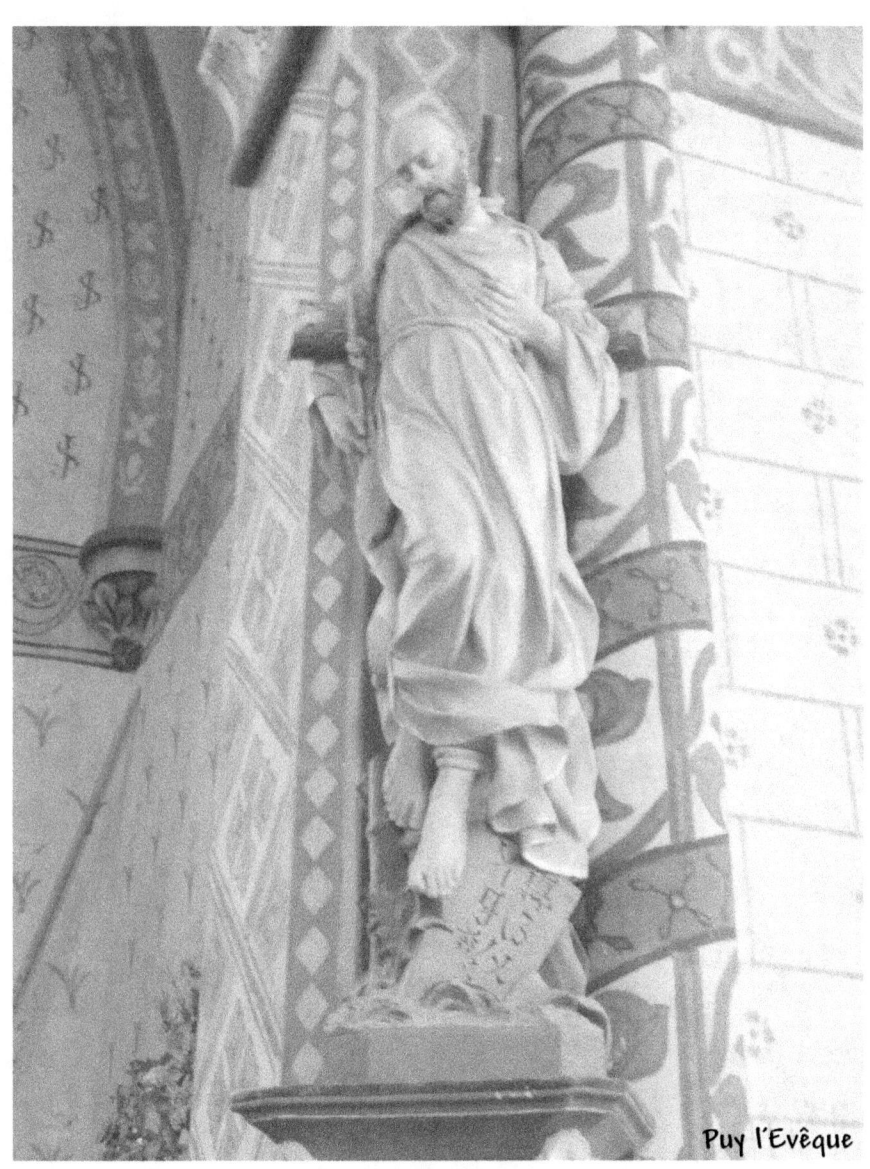

Puy l'Evêque

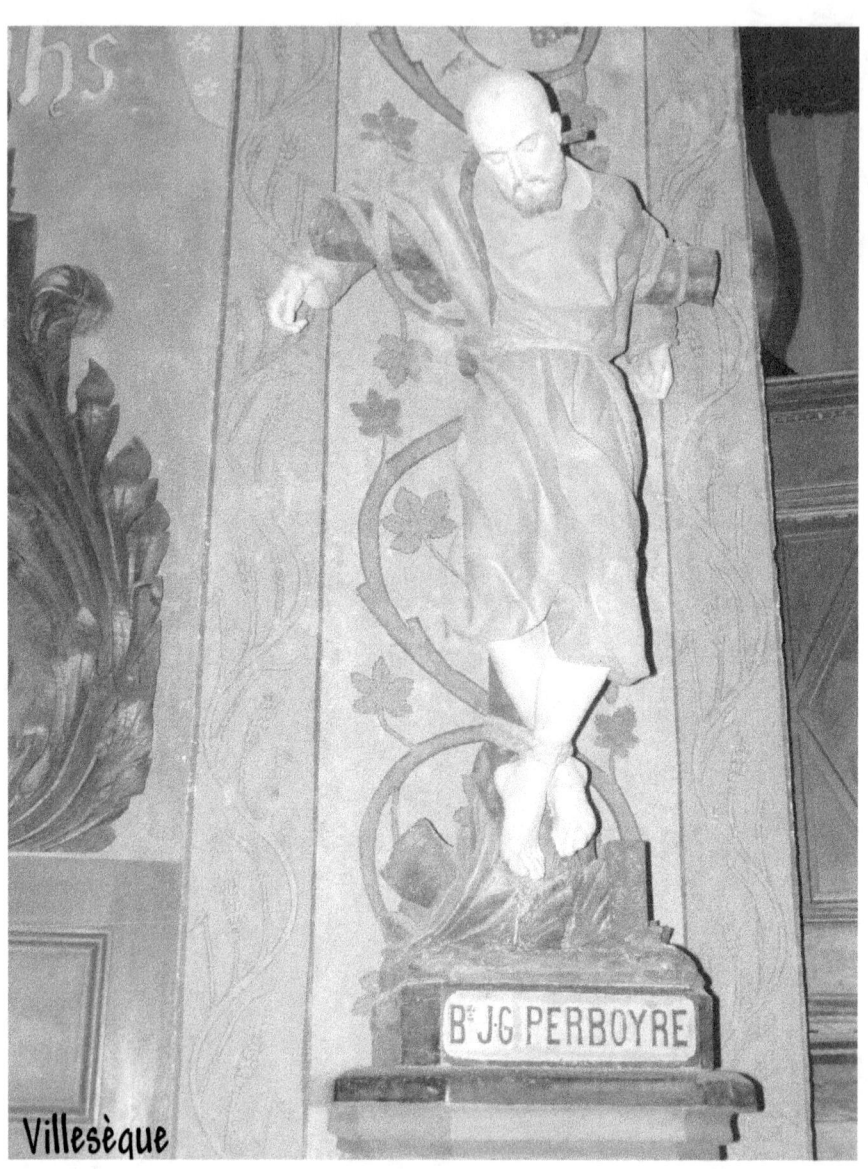

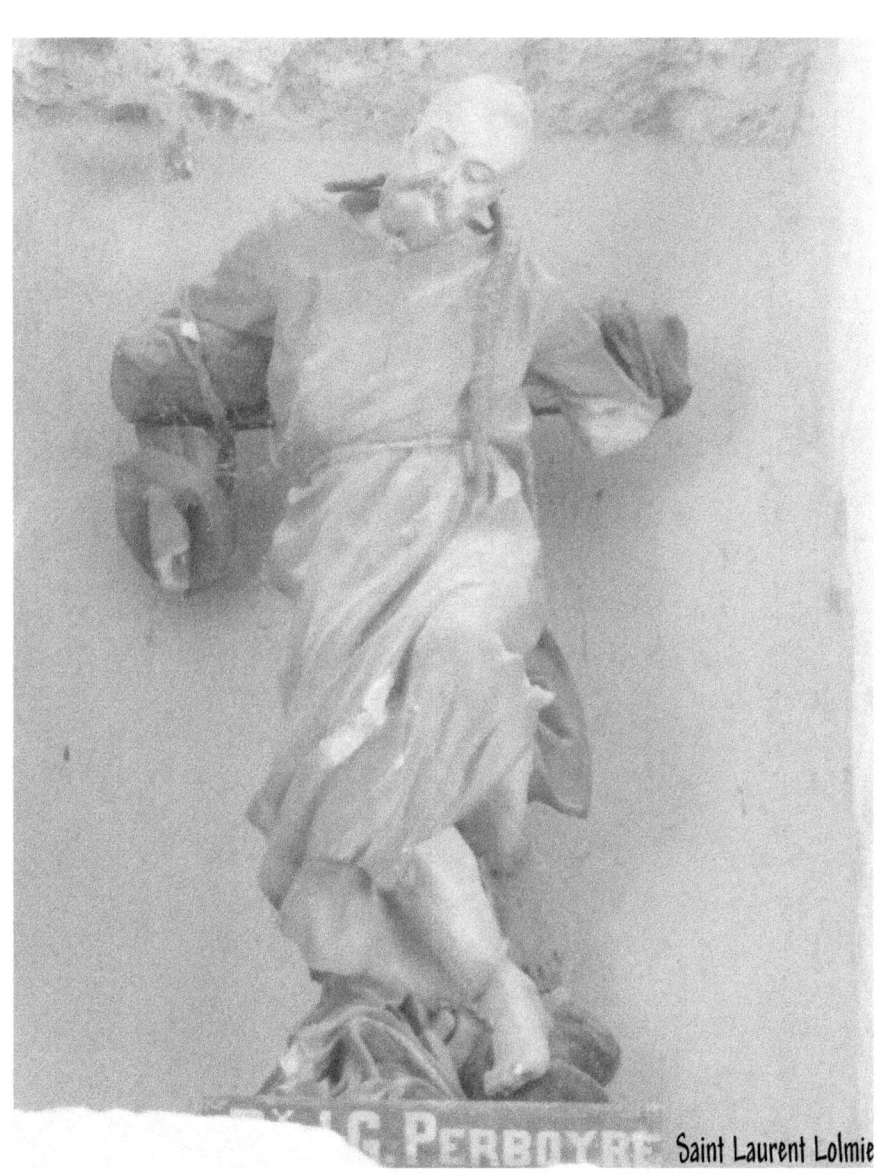

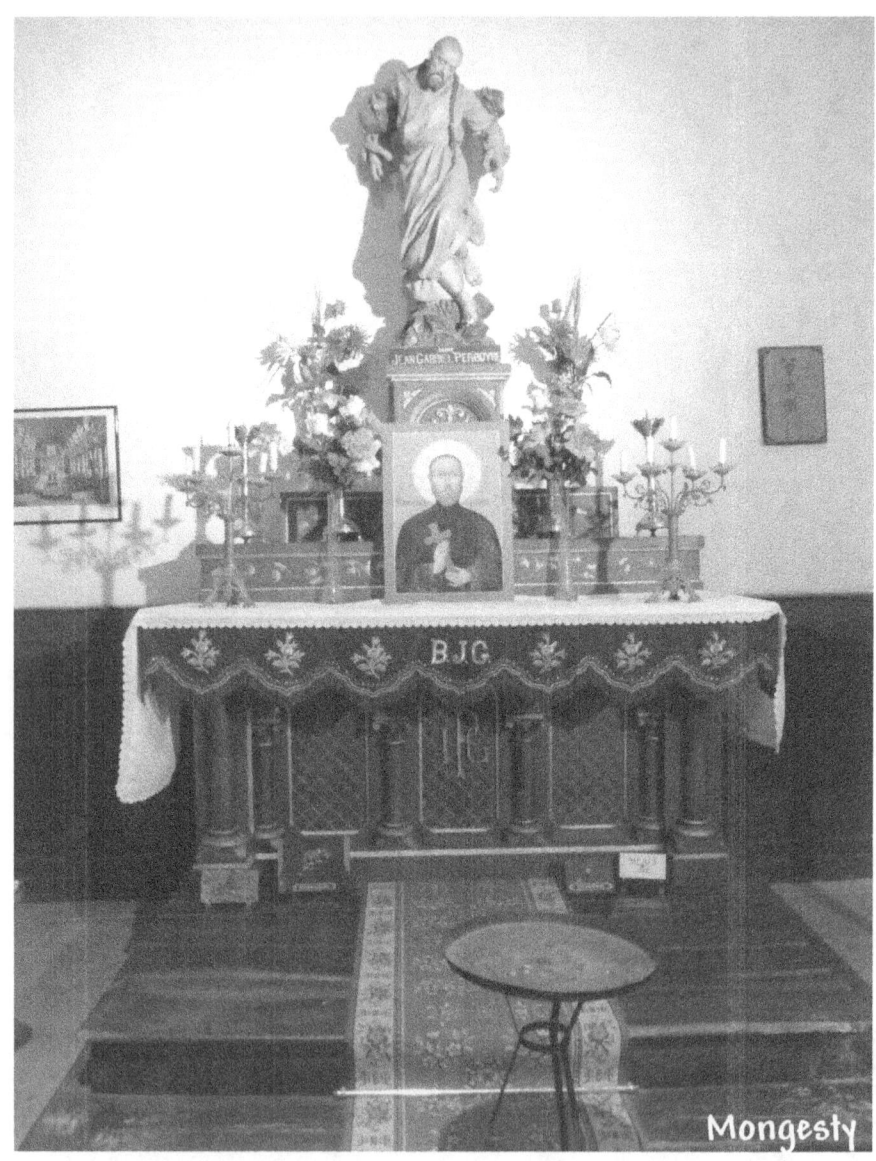

Sa famille

Son père : Pierre Perboyre, né à Catus en 1771, décédé le 24 mai 1859.
Sa mère : Marie Rigal, née en 1778 au Puech (Montgesty), décédée le 2 avril 1862. Ils se sont mariés en 1799 et auront huit enfants :
- Jean-Gabriel, l'aîné, né le 5 janvier 1802.
- Jeanne, née en 1805, mariée avec Guillaume Lavergne, décédée en 1854.
- Louis, né le 23 novembre 1807, prêtre de la Congrégation des Lazaristes (reçu au séminaire de Paris le 9 septembre 1825, fit ses vœux le 23 septembre 1827 ; ordonné prêtre le 3 octobre 1830) ; décédé en mer, en route pour la Chine, le 2 mai 1831.
- Mariette, née en 1809 ; décédée au moment d'entrer au Carmel en 1826.
- Jean-Jacques, né le 21 mai 1810, reçu au séminaire à Paris le 18 septembre 1832, comme frère coadjuteur ; admis aux Saints Ordres en octobre 1843 ; décédé le 10 août 1896 à Paris.
- Antoine, né en 1813 ; assura la succession à la ferme, marié à Françoise Pontié, mais décéda jeune, au Puech un an après son père, en 1860.
- Antoinette, née le 3 mars 1815 ; entrée chez les Filles de la Charité, en communauté, en 1833 ; partie en Chine en 1847, décédée à Chang-hai, le 2 octobre 1898.
- Marie-Anne, née le 22 avril 1817 ; entrée chez les Filles de la Charité, en communauté, en 1840 ; décédée à Naples, le 24 février 1896.

Mais l'homme essentiel dans la famille Perboyre, ce fut Jacques, le frère de Pierre, l'oncle donc de Jean-

Gabriel. Né le 10 avril 1763 à Catus, reçu au séminaire à Cahors le 30 août 1783, il fit ses vœux le 31 août 1785. Durant la révolution, il exerça clandestinement puis aidé de quelques ecclésiastiques (dont M. Gratacap qui lui succédera), établit un Petit Séminaire à Montauban, dans l'ancien couvent des Carmes ; l'évêque le nomma chanoine. Dans ce Petit Séminaire fut formée une grande partie du clergé du diocèse de Montauban. Décédé à Montauban le 8 mars 1848.

Jean-Jacques (79 ans) et Marie-Anne (72 ans) assistèrent, en 1889, aux fêtes de la Béatification de leur frère. Si le premier avait 7 ans quand Jean-Gabriel quitta le Puech donc pouvait conserver des souvenirs, Marie-Anne naissait cette année-là. Avec Jean-Jacques, Jacquou, il échangea néanmoins de nombreuses lettres, après le décès de Louis.

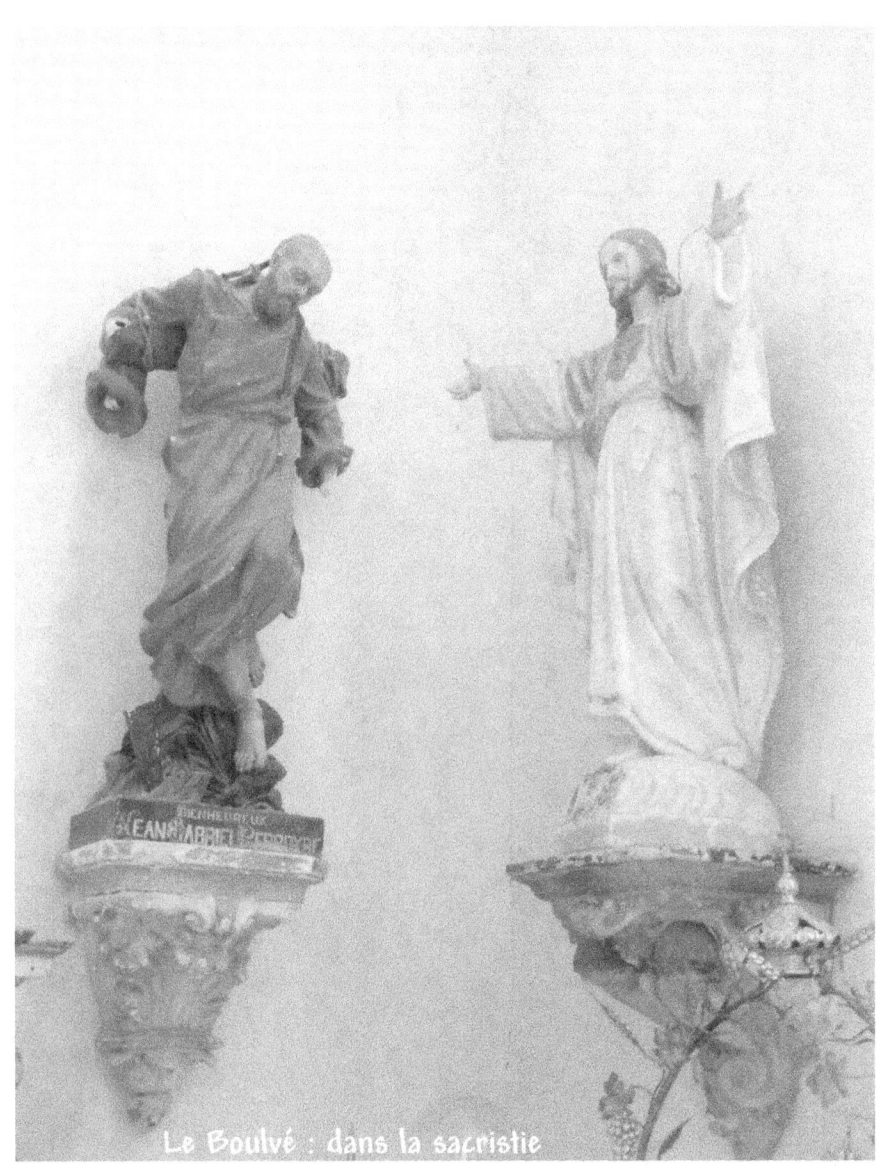
Le Boulvé : dans la sacristie

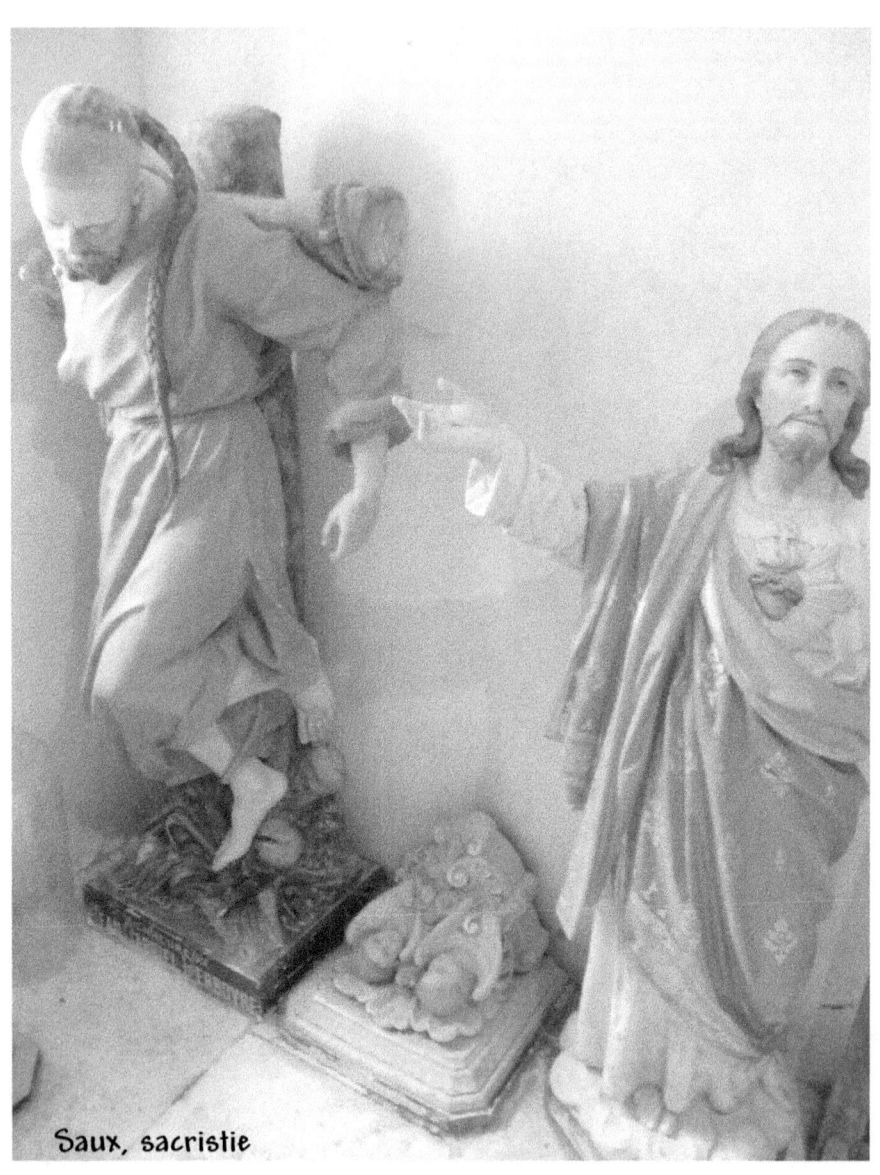
Saux, sacristie

Un enfant du Quercy...

Quel avenir pour le fils ainé d'un couple d'agriculteurs certes modestes mais propriétaires au début du dix-neuvième siècle ? Continuer...
L'enfant, dès six ans, s'occupera des moutons...

De la vigne, des ovins mais un oncle prêtre lazariste, Jacques, à la tête d'un collège à Montauban... et une famille très pieuse.

Il est né au hameau du Puech, dans le village de Montgesty, le 15 Nivôse de l'an 10 de la République, soit le 5 janvier 1802, et non le 6, jour de son baptême, le premier fils de Pierre Perboyre et Marie Rigal.
Logiquement, l'aîné reprenait l'exploitation familiale et les autres devaient trouver leur voie. Six de ces enfants entreront en religion...

En 1816 son frère Louis, 9 ans, part à Montauban, entre au collège dirigé par leur oncle Jacques.
Jean-Gabriel l'accompagne, normalement pour deux mois, afin d'éviter une séparation trop brutale à ce jeune enfant.
Le grand frère témoigne rapidement de bonnes capacités d'études... au point que l'oncle parvient à le conserver...
Il reste un beau passage du futur Saint, écrit le 16 juin 1817 : « Mon cher père, après votre départ de cette ville, j'ai réfléchi sur la proposition que vous m'aviez faite d'étudier le latin. J'ai consulté Dieu sur l'état que je devais embrasser pour aller plus sûrement au ciel. Après bien des prières, j'ai cru que le Seigneur voulait que j'entrasse dans l'état

ecclésiastique. En conséquence, j'ai commencé à étudier le latin (...) si le bon Dieu m'appelle à l'état ecclésiastique, je ne puis pas prendre d'autre chemin pour arriver à l'éternité bienheureuse. »

Comme son frère, il entre donc chez les lazaristes. Il prononce ses vœux le 20 décembre 1820.
En 1823, pas encore ordonné, il est nommé professeur dans le diocèse d'Amiens, à Montdidier. Il y fut très apprécié...
1826, ordonné prêtre, il devient professeur de théologie à Saint-Flour, dans le Cantal. Il se rapproche du Lot. Ce qui semble le satisfaire, dans ses lettres. Il n'est pas obnubilé par la Chine comme peuvent le laisser croire les livres du dix-neuvième siècle même si cette terre infidèle à convertir le préoccupe. Cet intérêt semble consubstantiel aux Lazaristes de cette époque...
En 1831, la voie royale pour « un homme ambitieux » : appelé à Paris, directeur du petit séminaire... Son frère Louis, parti fin 1830 en Chine, n'y est pas parvenu... mort durant le voyage, le 2 mai 1831. Mais la nouvelle n'arrivera qu'en février 1832. C'est durant « ce deuil » que se joue le destin de Jean-Gabriel.

L'idée de prendre sa relève semble pourtant immédiatement n'être qu'une chimère... « *Hélas j'ai déjà 30 ans* ». Et de santé fragile... Mais il prie... et embarque au Havre le 24 mars 1835. Cinq mois de traversée pour débarquer à Macao, apprendre le chinois, tenir un rôle de prêtre...

Le 15 septembre 1839, il parvient à s'enfuir quand un groupe armé déboule pour arrêter les missionnaires. Mais caché dans la forêt voisine, il sera trahi contre trente taëls... Judas avait trahi Jésus pour trente deniers...

Emprisonné, interrogé à la méthode dure, torturé, humilié, il reste inébranlable dans sa foi. Conformément à la loi, il est condamné à mort le 15 juillet 1840. La confirmation par l'empereur de la sentence arrive le 11 septembre. Il est alors immédiatement trainé au lieu de supplice où il doit mourir par strangulation. Les cinq malfaiteurs de ce jour d'exécutions ont droit à une mort moins spectaculaire. Déshabillé, attaché sur un gibet en forme de croix, il est exécuté.

Un des catéchistes ayant soudoyé les gardes, son corps est inhumé « en terre chrétienne », au côté de son modèle, François-Régis Clet, martyrisé vingt ans auparavant...

Avant même sa mort, le Pape Grégoire XVI, informé de sa captivité, recommandait de recueillir le maximum de témoignages sur le missionnaire. Et le 9 juillet 1843, il signa le décret le déclarant vénérable, première étape de tout « procès en sainteté. »

Vingt ans plus tard, sa dépouille est transférée à Paris, à la maison mère des lazaristes.

Béatifié le 10 novembre 1889 par le Pape Léon XIII. Canonisé le 2 juin 1996 par le Pape Jean-Paul II. Saint Jean-Gabriel Perboyre devenait le premier martyr de la période des missionnaires en Chine, à être canonisé. Sa fête fut fixée au 11 septembre. Jour de sa mort.

Pour compléter le tableau des « coïncidences », en plus d'une mort avec des malfaiteurs, une croix serait apparue dans le ciel et « un satellite, pour l'achever, le frappa violemment dans le bas ventre, lui imprimait ainsi un dernier trait de similitude avec le Sauveur percé d'une lance. » Puis le mandarin qui l'avait fait arrêter, fut destitué et se pendit de désespoir. Le vice-roi de Ou-Tchang-Fou fut banni par l'Empereur. Ce qui selon des chrétiens rappelle Hérode et Ponce Pilate (dont on n'est pas certain des destins).

Puis il y eut des « miracles » : « *En 1841 à Paris, en 1842 à Constantinople, deux guérisons éclatantes eurent lieu sur deux Filles de la Charité, pendant une neuvaine adressée au martyr. Dans son propre pays, des grâces extraordinaires étaient aussi obtenues, et des pèlerins se rendaient à la maison qui l'avait vu naître, pour l'implorer ou lui rendre grâces.* »

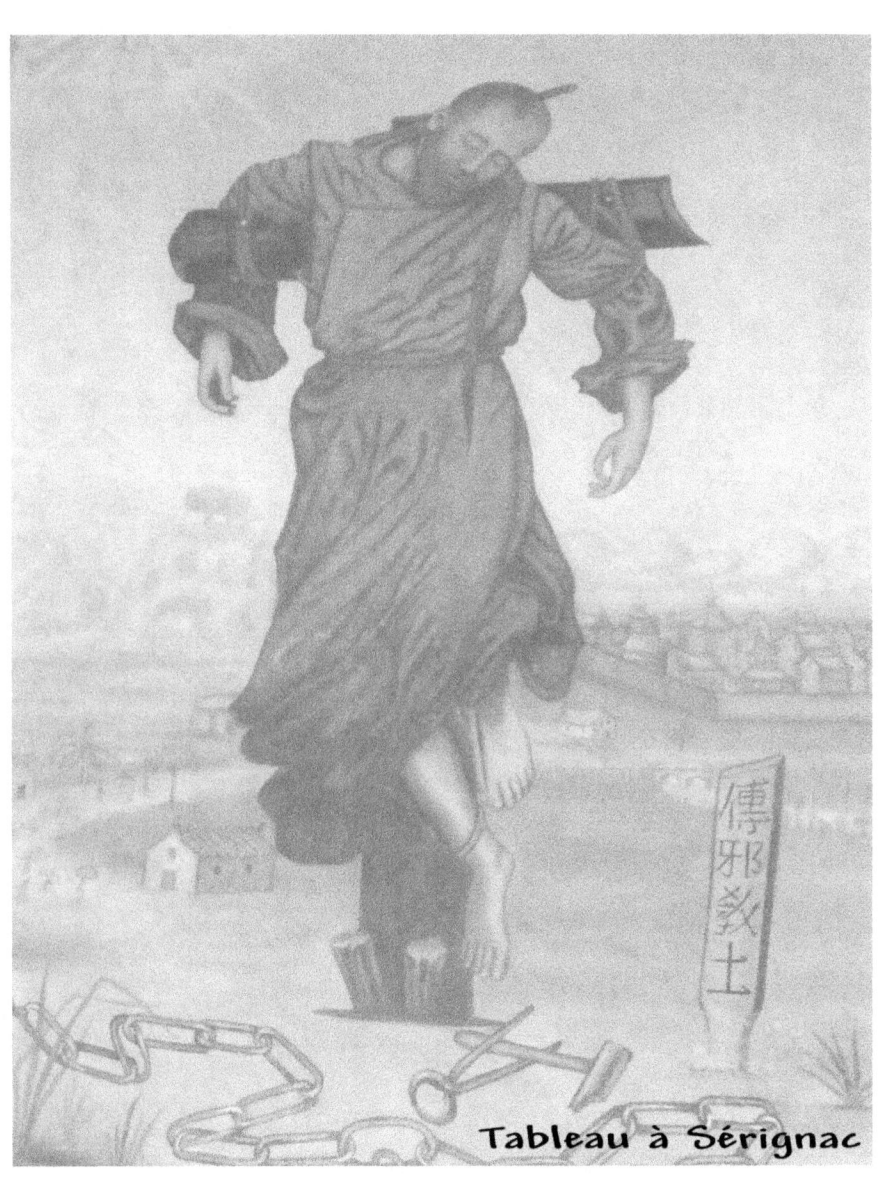

Tableau à Sérignac

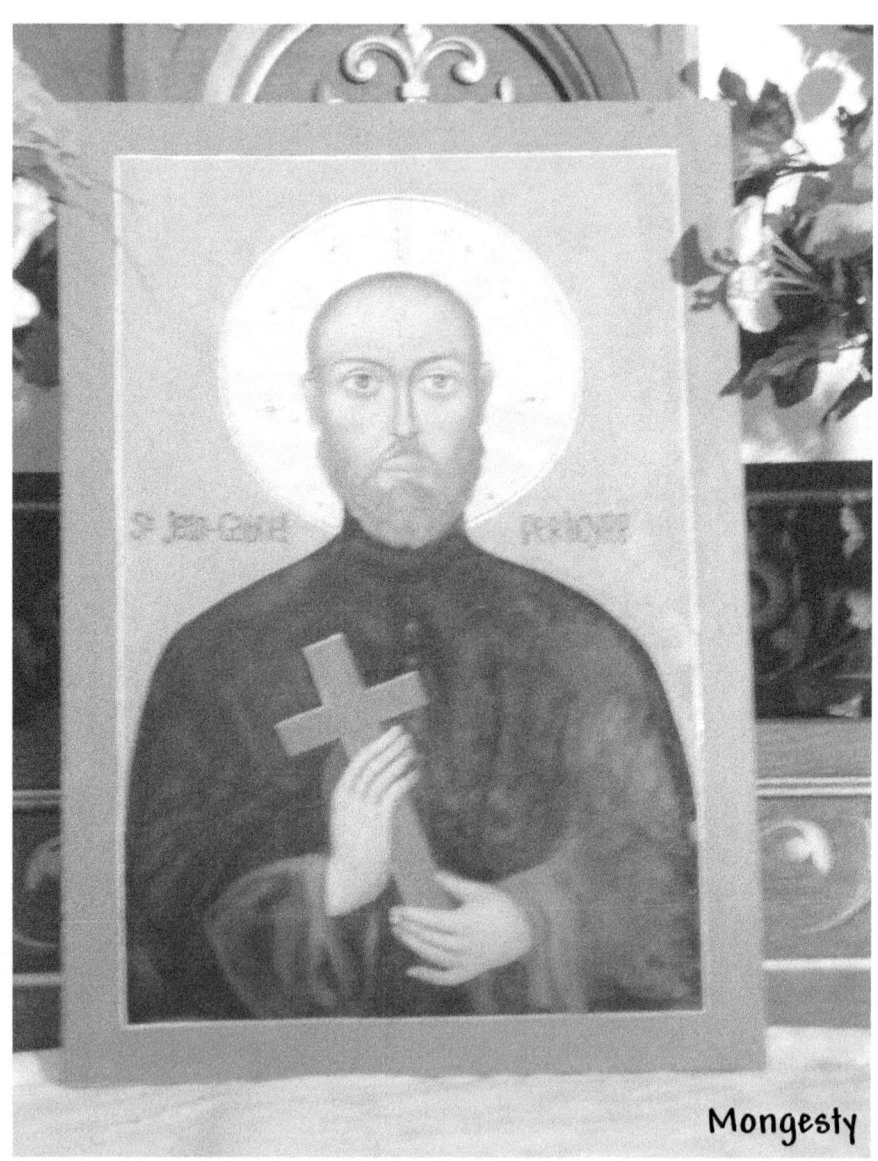

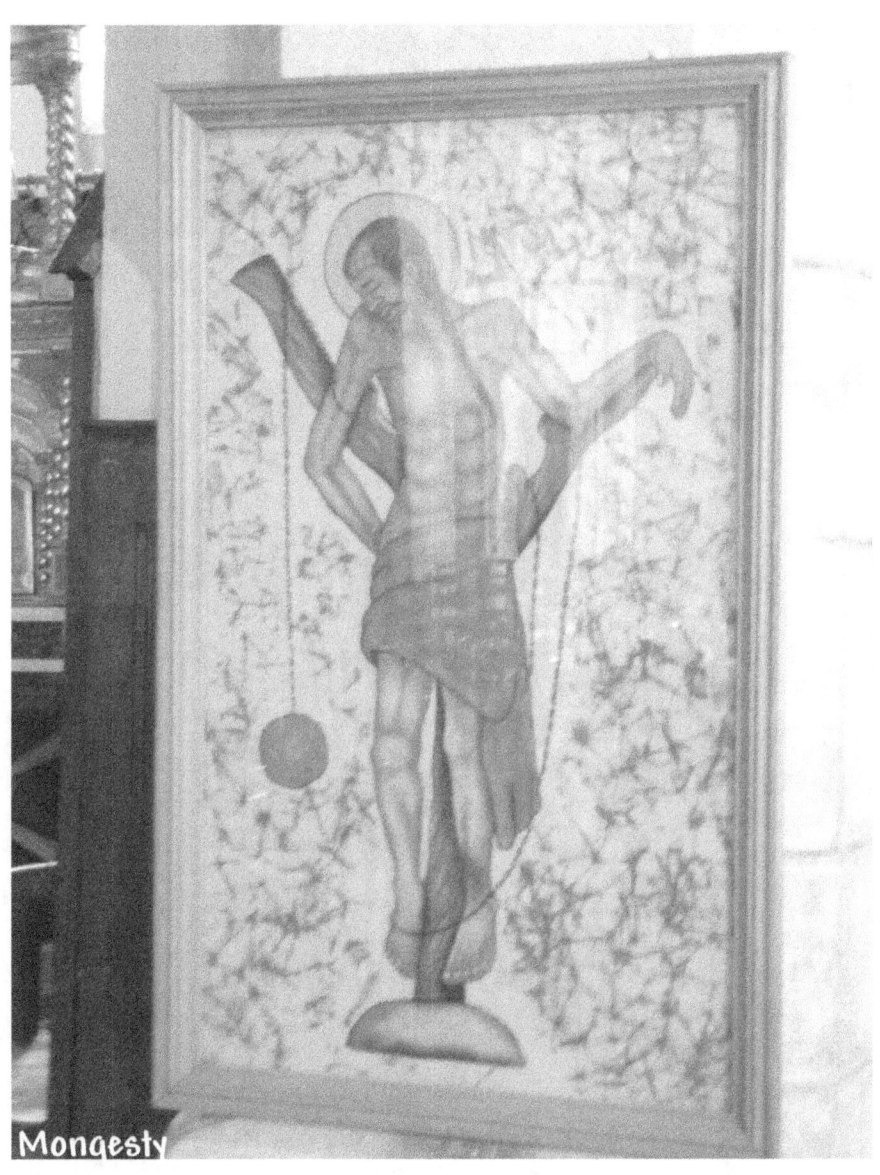

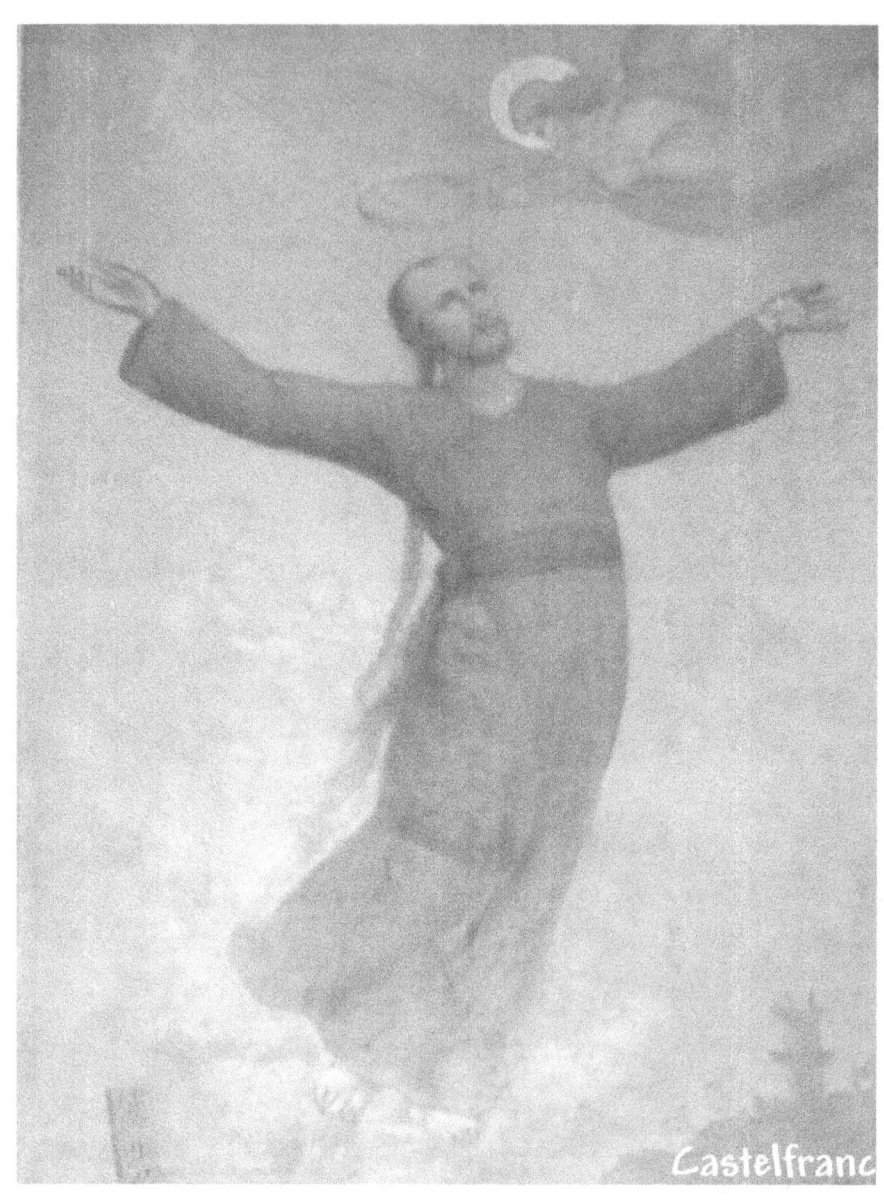

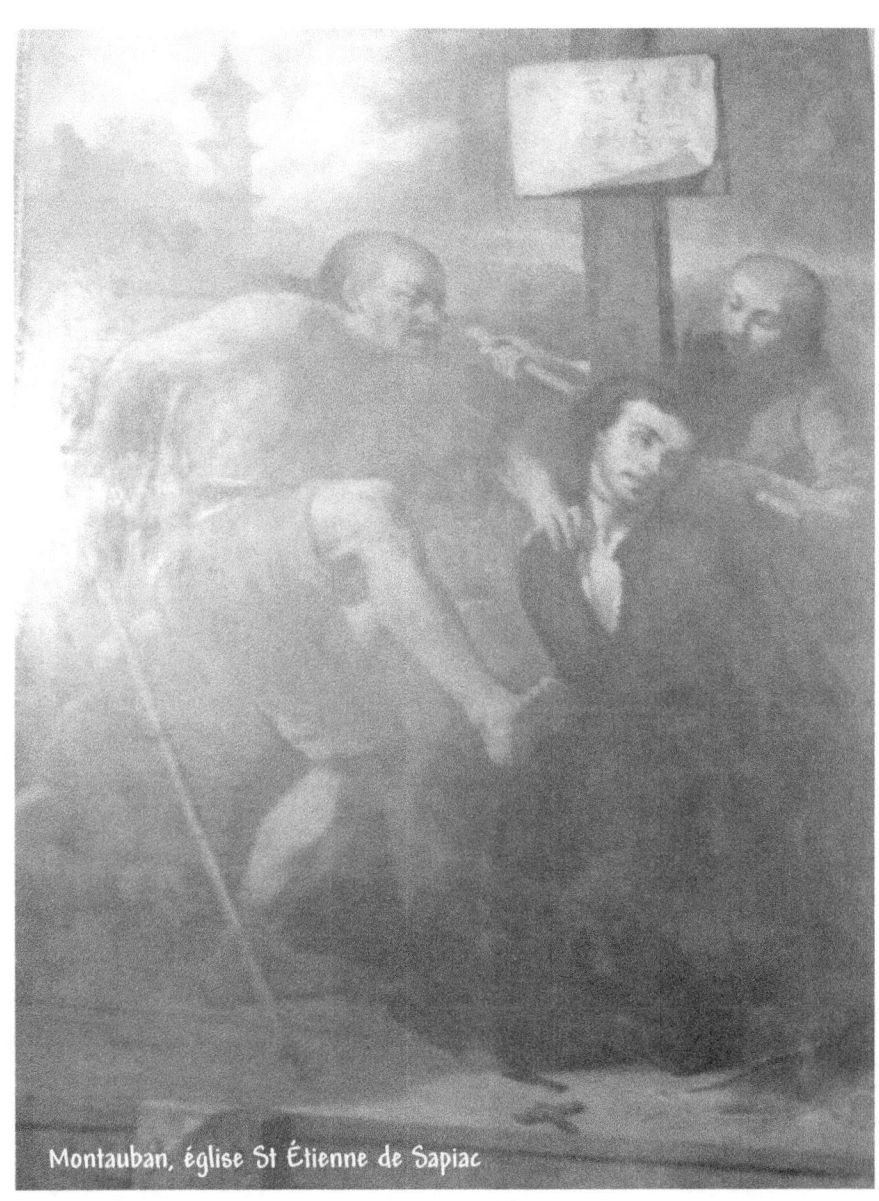
Montauban, église St Étienne de Sapiac

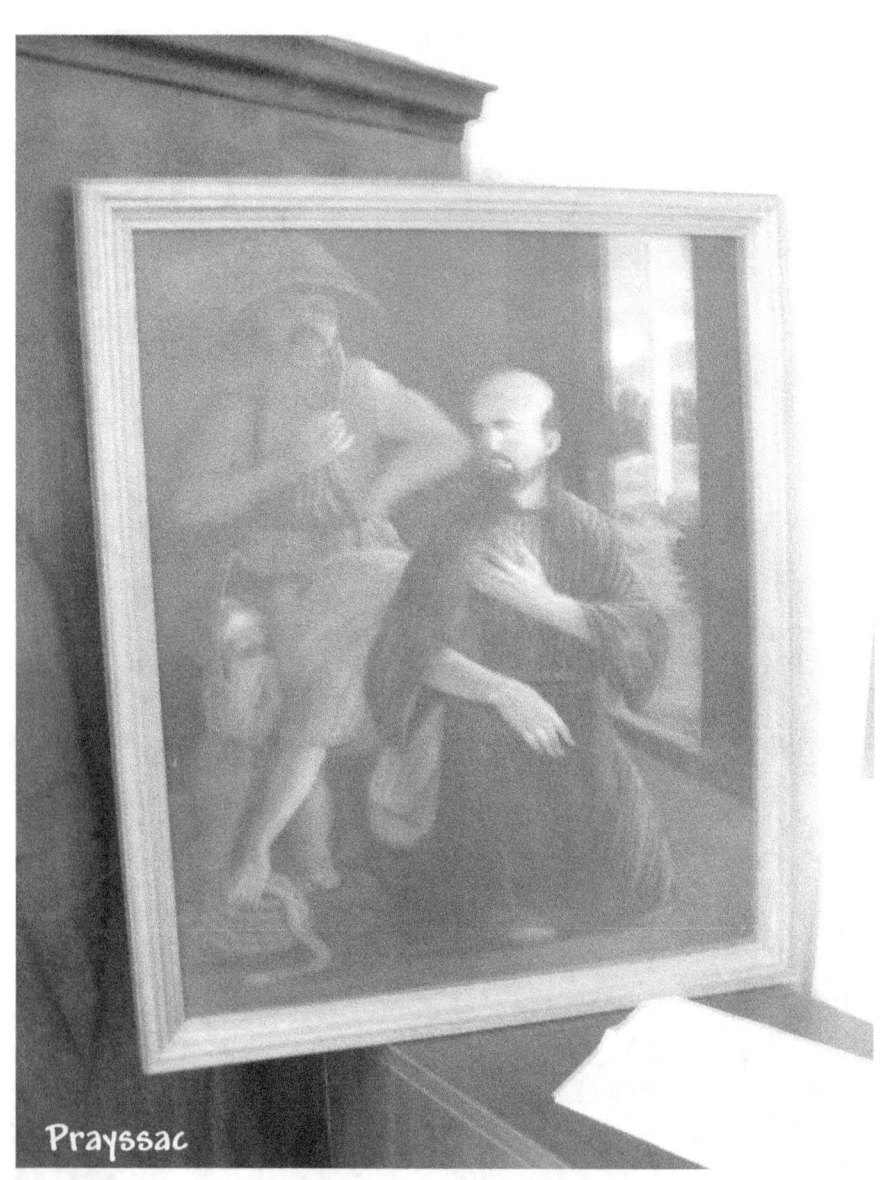

11 septembre...

Le choc des dates... *Paris-Match* a raté sa une d'un vitrail de Dagrant titré « le Saint et Martyr du 11 septembre. »

Pierre Desproges avait déjà remarqué ces artistes « *engagés qui osent critiquer Pinochet à moins de 10 000 kilomètres de Santiago* »
Même si la distance entre Paris et Santiago du Chili s'élève à 11694 kilomètres !
Plutôt le Chili que le Quercy !

Désormais, chaque *11 septembre*, pour éviter de commémorer ou évoquer les attentats contre les Twin Towers (tours jumelles de New-York), des journalistes naturellement sans visées idéologiques, replongent en 1973, ce mardi où le gouvernement du « *président socialiste démocratiquement élu* » Salvador Allende était renversé par un coup d'État militaire. La mort de Salvador Allende pour éclipser la nécessaire analyse d'actes portés par une lutte de civilisation, un conflit des religions.

Nul ne semble s'être réclamé du lotois pour justifier les attentats de New-York. Naturellement, il n'y a aucun rapport ! Dans les actes. Pourtant, la même certitude transcendait le futur Saint et les kamikazes : je meurs pour ma religion, je gagne le paradis. Si les actes sont incomparables, les motivations peuvent laisser perplexe, devraient questionner la société. Les athées, les agnostiques, et même les femmes et les hommes persuadés que non seulement il existe un Dieu mais qu'on peut gagner le paradis par des actes héroïques, la conversion ou l'anéantissement des infidèles.

Abordant le 11 septembre avec un livre lotois, donc Midi-Pyrénéens : dix jours plus tard, à Toulouse, ce fut naturellement un accident, un incident... certes comme il ne s'en était jamais produit avant... mais sans le moindre élément extérieur ayant provoqué l'explosion... puisque les experts, la justice, l'affirment... « faut laisser faire les spécialistes »... selon un chanteur ayant préféré finir sa vie en Italie...

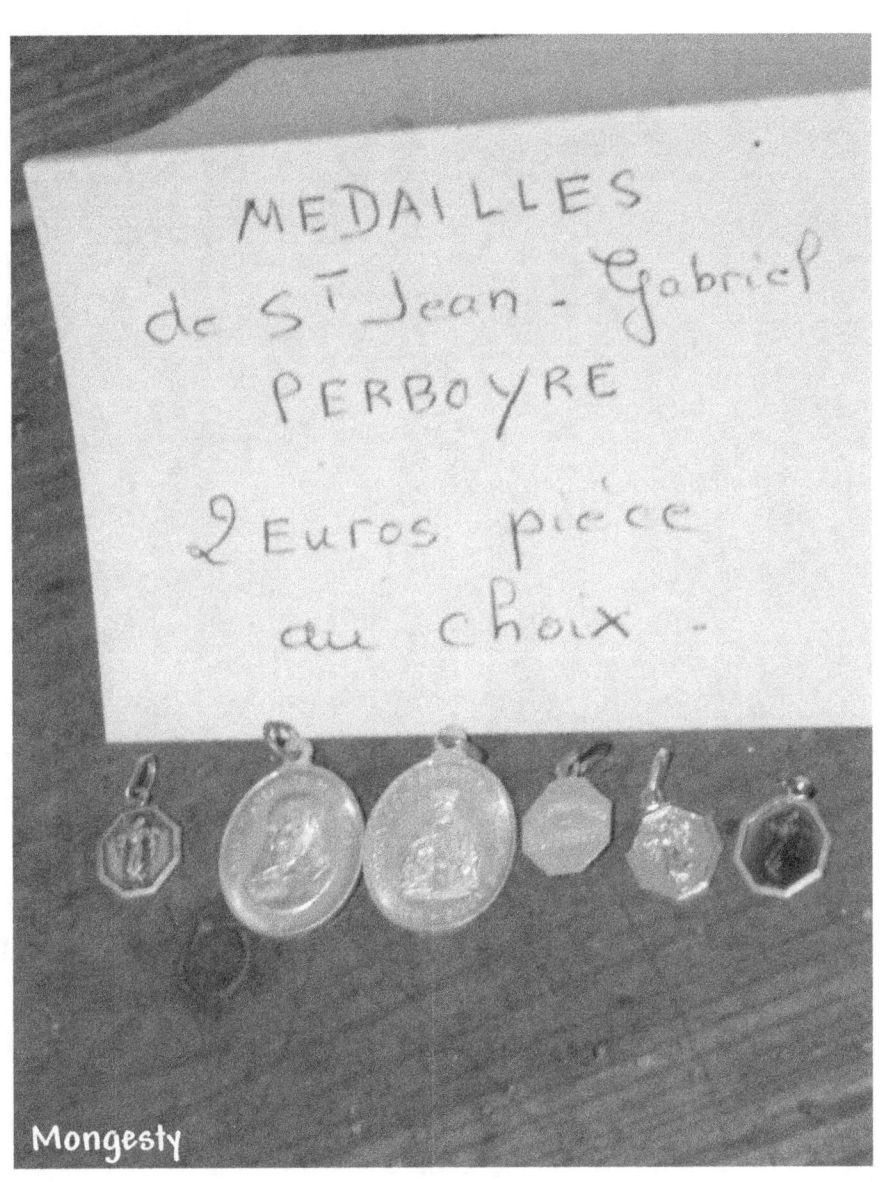

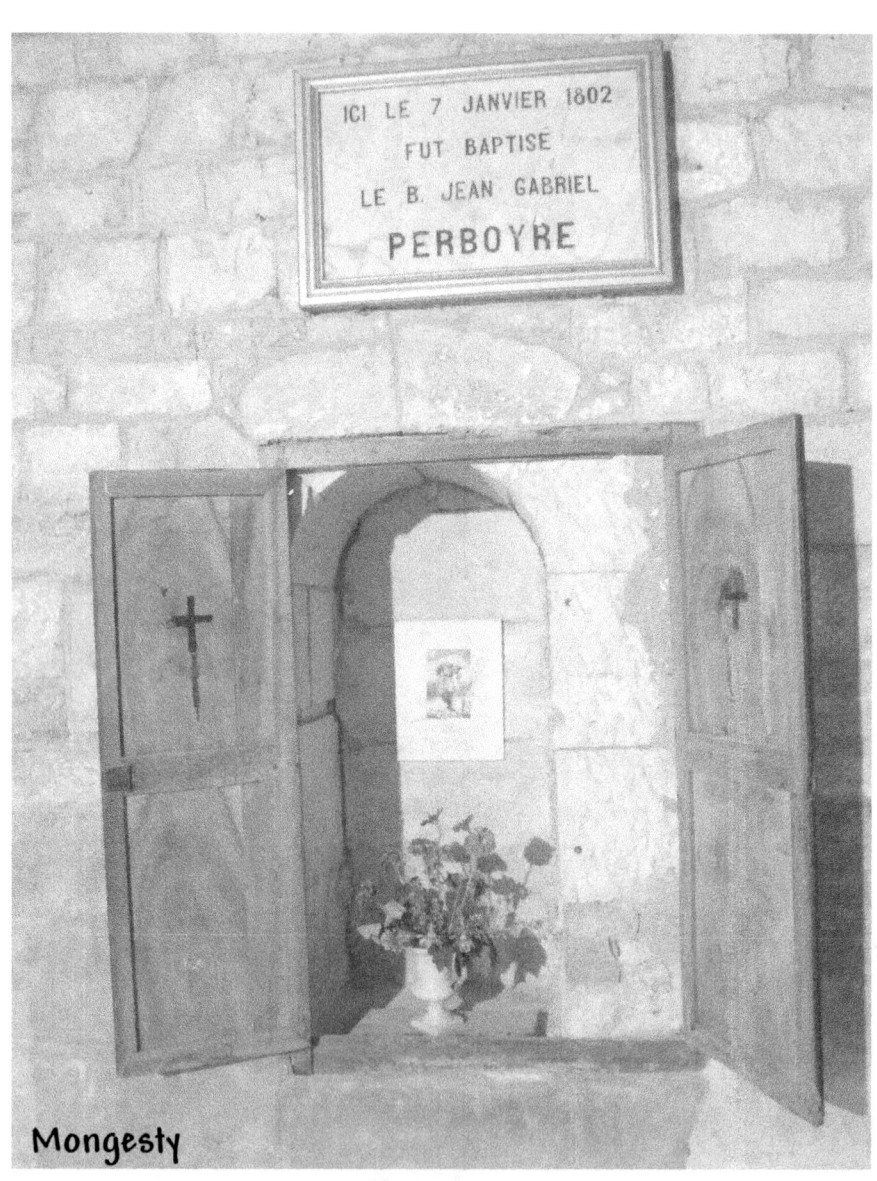

Mais qui est cet homme sur une croix ?

Visitant les églises, après la révélation... du haut degré artistique de certains vitraux du dix-neuvième siècle, l'envie de découvrir et faire connaître principalement Gustave-Pierre Dagrant et Henri Feur... l'homme sur la croix, en tunique rouge et non en caleçon, les jambes de travers, a fini par éveiller ma curiosité...

Pour moi, passé par la chrétienté durant l'enfance, où me fut attribuée "la religion de la région", envoyé au catéchisme et à la messe avec rapidement l'obligation de revêtir une aube blanche et servir l'abbé Décobert, un homme sur une croix, c'était Jésus.

S'il n'avait pas existé... un romancier aurait eu des difficultés à rendre une telle histoire crédible. Incroyable !

Très présent dans les "lieux de culte", quelques statues sur des axes peu fréquentés... et "presque oublié"... "Le 11 septembre" l'a plombé ?

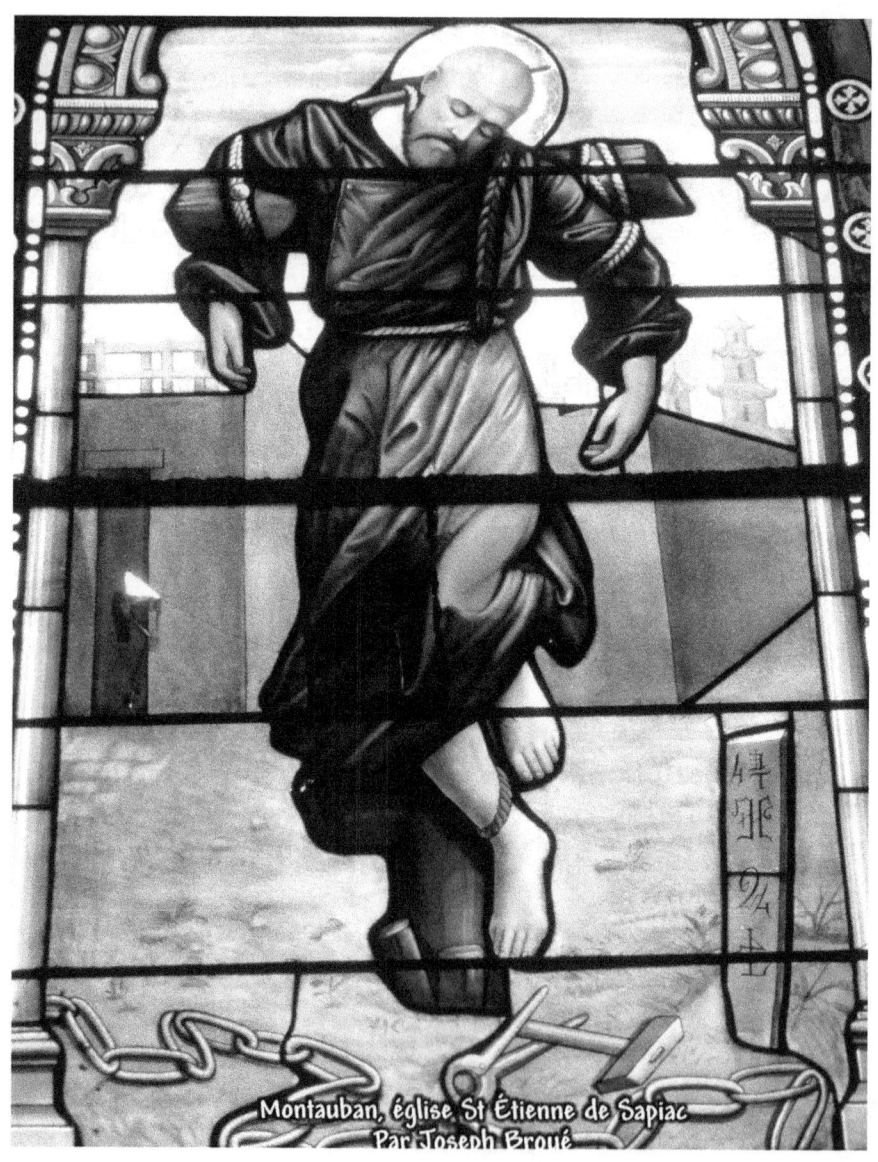

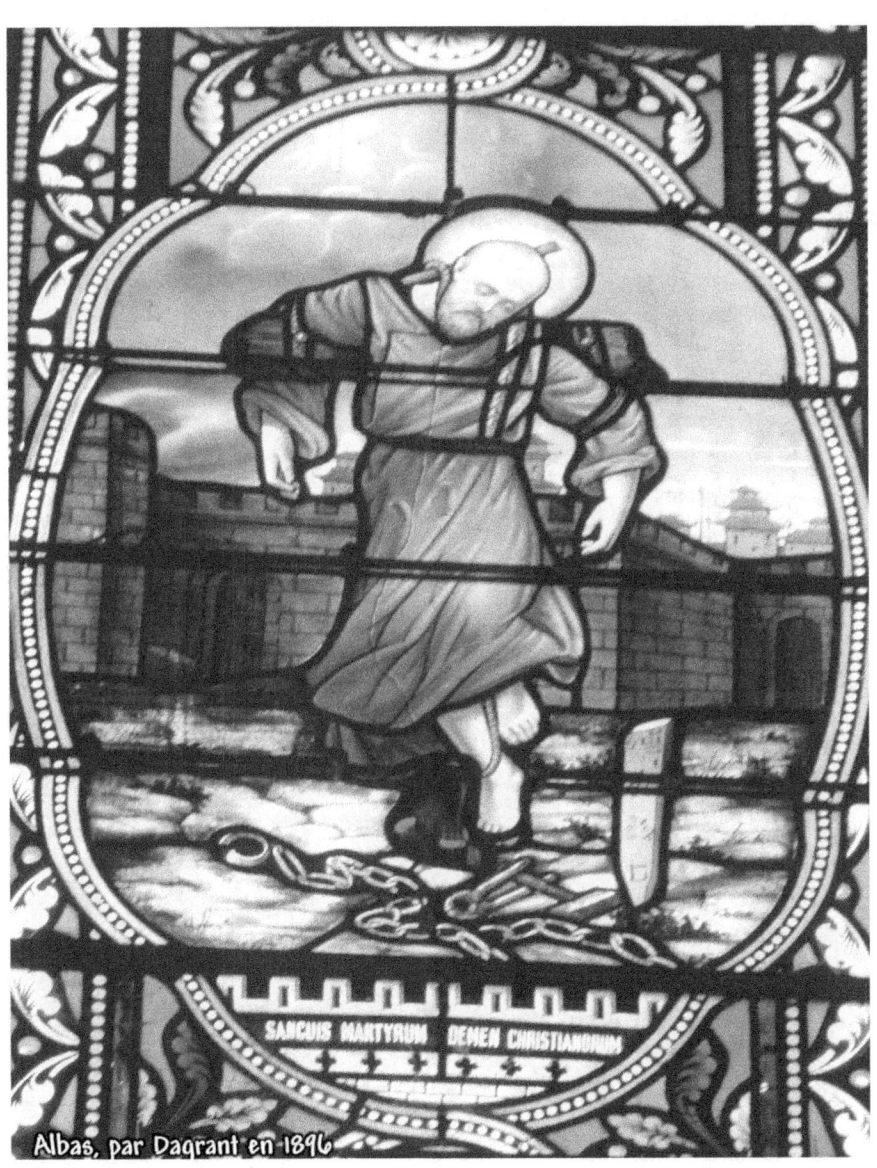

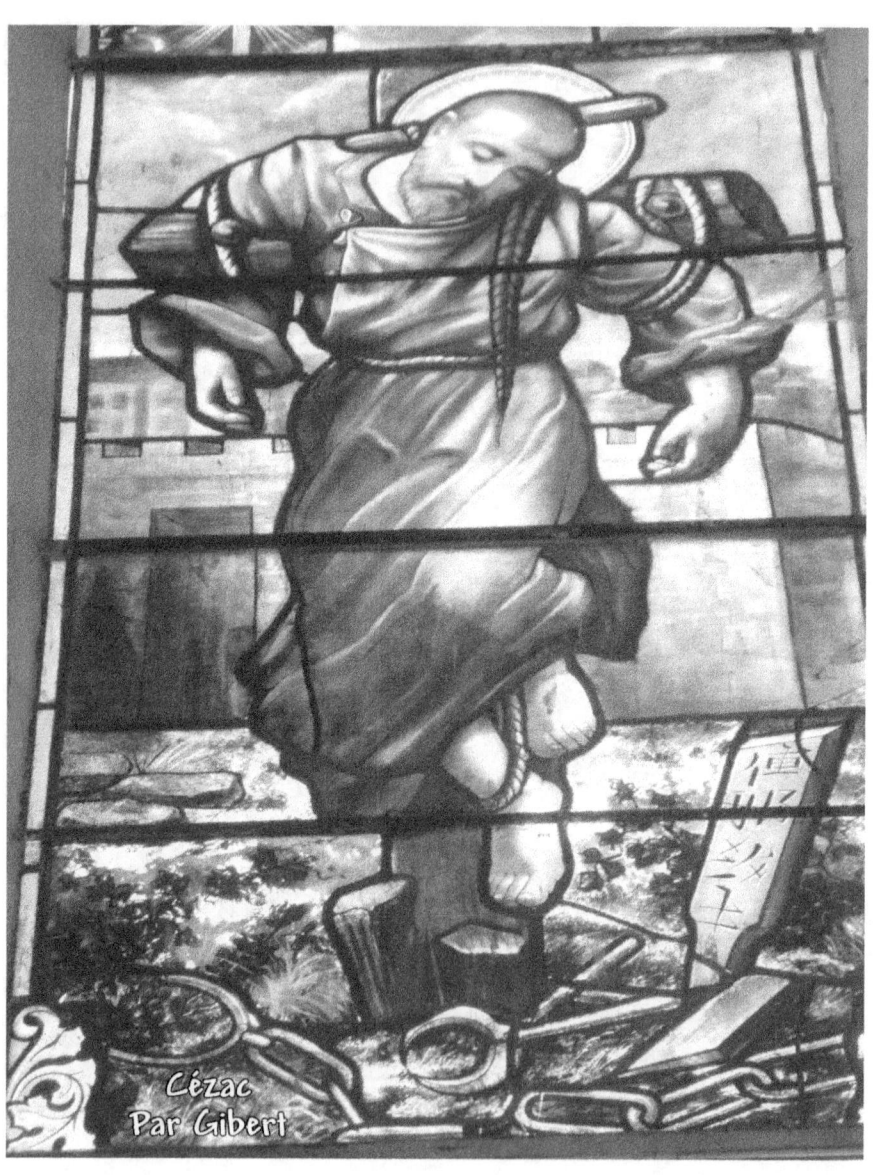

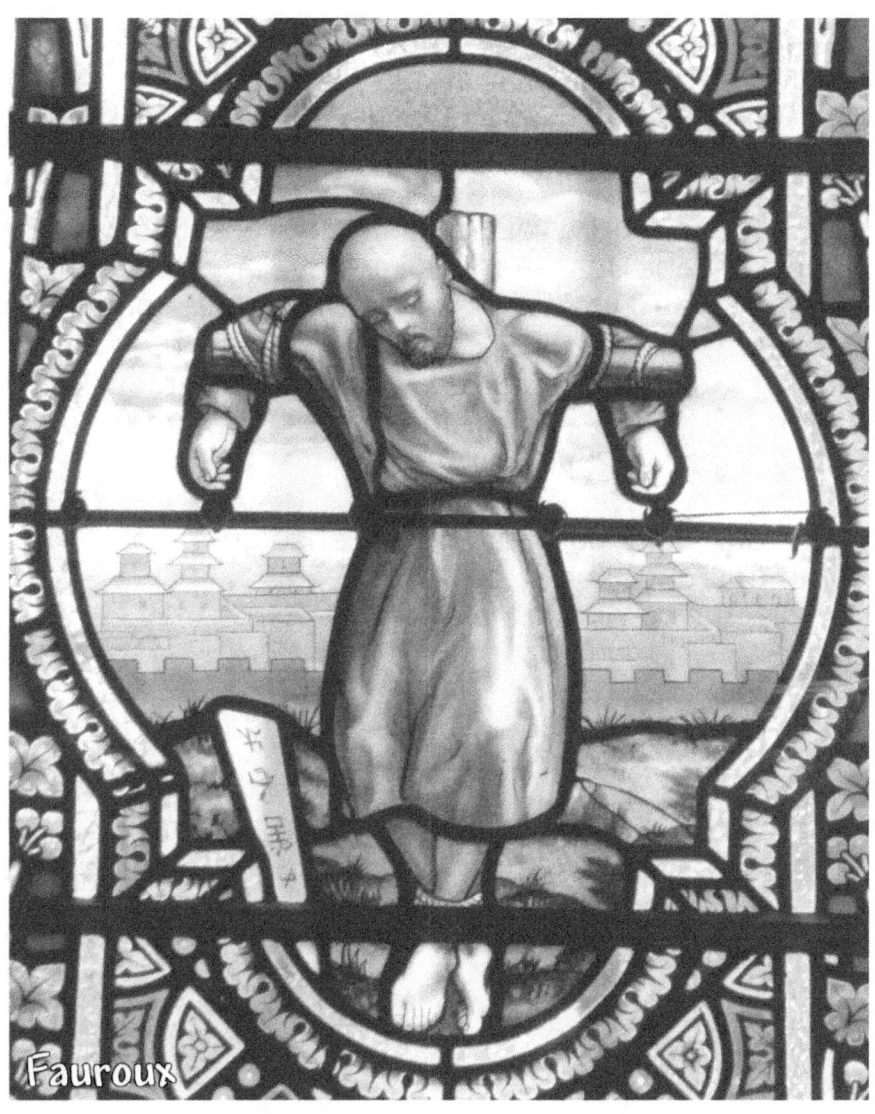

Ne pas faire d'ombre à Jésus ?

Alors que de légitimes interrogations pèsent sur la crucifixion de Jésus, à une époque et en un lieu où elle ne semble pas avoir été pratiquée, Jean-Gabriel Perboyre est bien mort, un vendredi, sur une croix.

Le Saint et Martyr du 11 septembre est lotois. En 1996, le pape Jean-Paul II l'a élevé à cette dignité. Le berger du Quercy ayant espéré mourir pour « *le Sauveur* », sur une croix en Chine, pays alors interdit aux missionnaires, bénéficiait depuis le 10 novembre 1889 du grade de « *Bienheureux* » (béatifié par le Pape Léon XIII).

Deux siècles plus tard, quels enseignements nous communiquent son expérience ?...

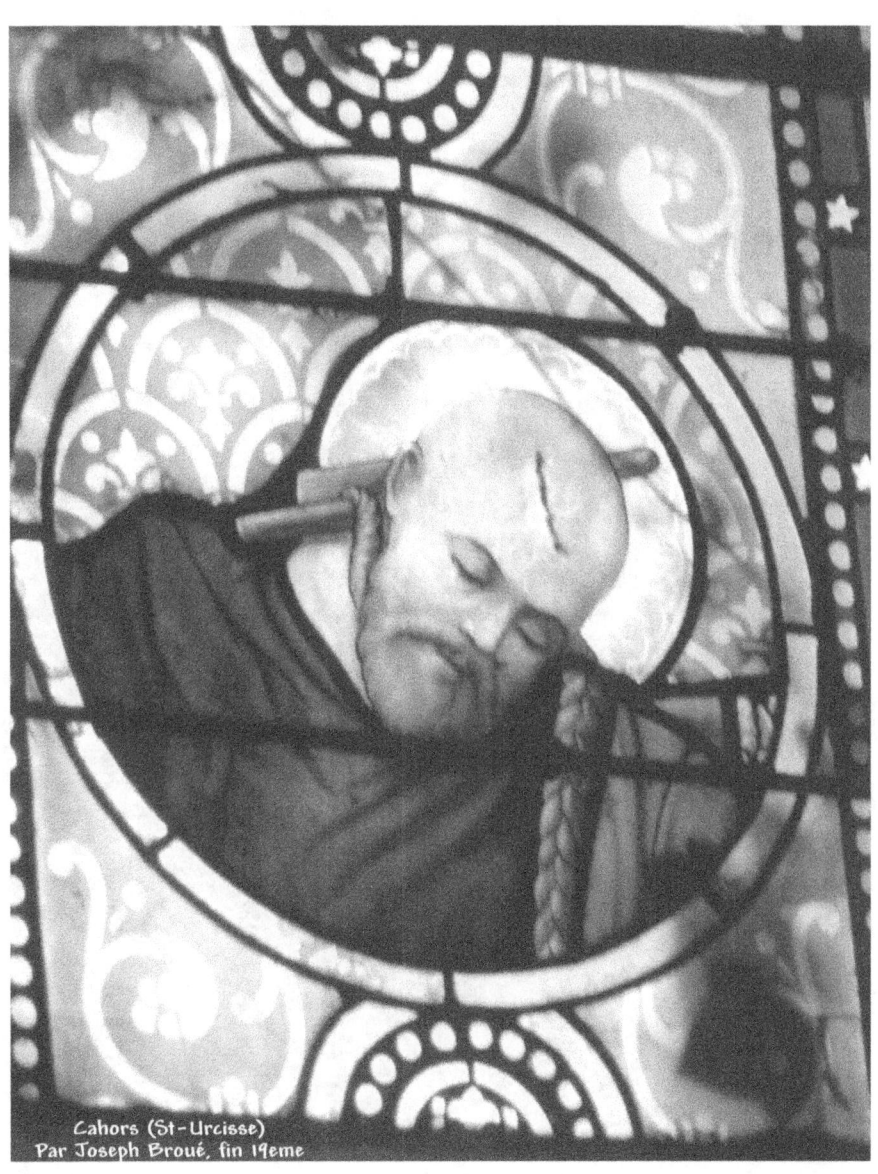
Cahors (St-Urcisse)
Par Joseph Broué, fin 19eme

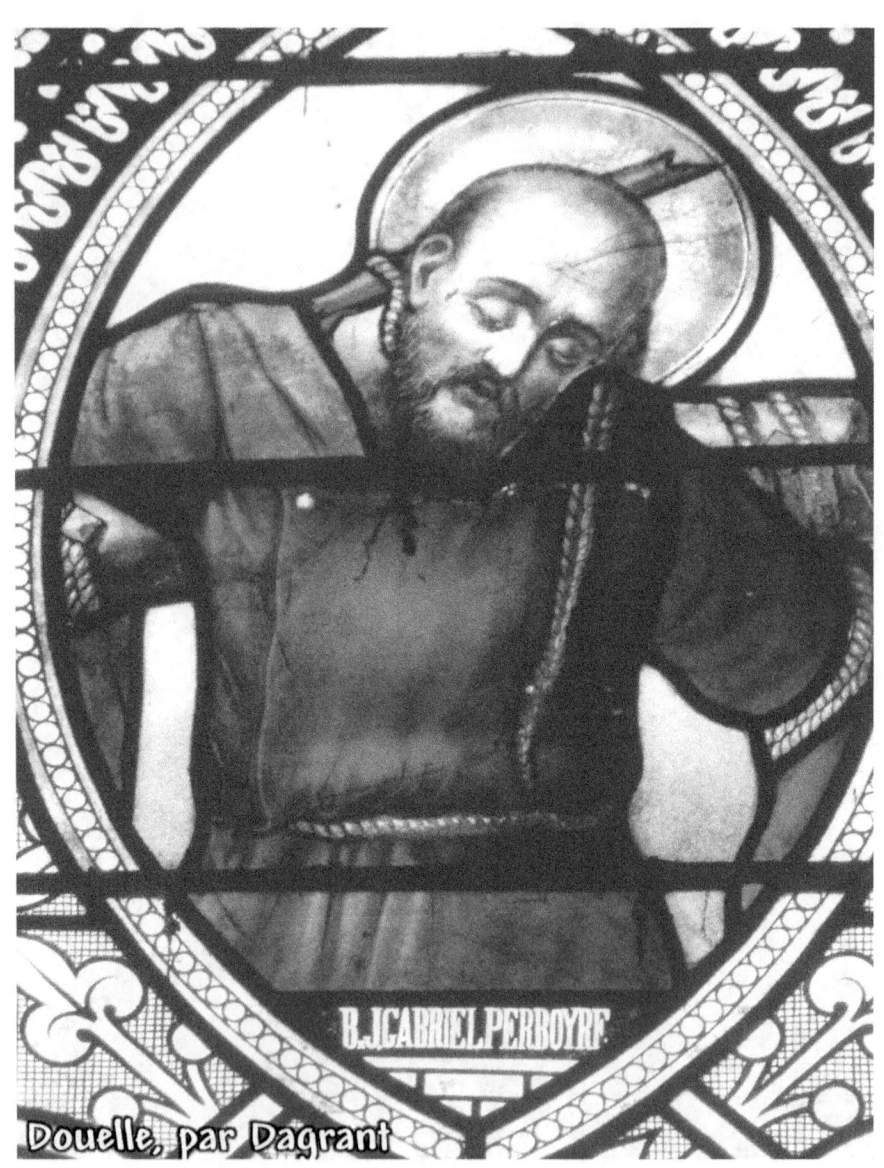
Douelle, par Dagrant

Un fils de propriétaire...

Quand, en 1823, à 21 ans, il écrit à son père, le passage au sujet de son « *petit frère Antoine* », alors âgé de 10 ans, expose un préjugé de classe, certes sûrement fondé mais permettant de replonger dans ce Quercy où les propriétaires bénéficiaient d'une main-d'œuvre peu onéreuse, le plus souvent simplement logée dans des "conditions spartiates" : « *Tout ce que je désire, c'est qu'il apprenne à vivre en bon chrétien, et qu'il ne devienne pas idolâtre des biens de la terre, comme je l'ai été pendant quinze ans. Quoique je n'ignore pas vos soins et votre vigilance pour conserver dans tous vos enfants la pureté des mœurs, je tremble continuellement pour son innocence, sachant que vous êtes obligé de le perdre souvent de vue, et qu'il se trouve la plupart du temps avec des domestiques et des ouvriers dont la bouche est pleine de médisances, de propos indécents ; et vous savez mieux que moi, mon très cher père, que ces gens ne sont pas si retenus en votre absence qu'en votre présence.* »

Plutôt que de partir convertir des chinois, il existait donc en France une partie de la population où son travail aurait été plus utile, et accepté par l'état (malgré quelques réactions anticléricales).

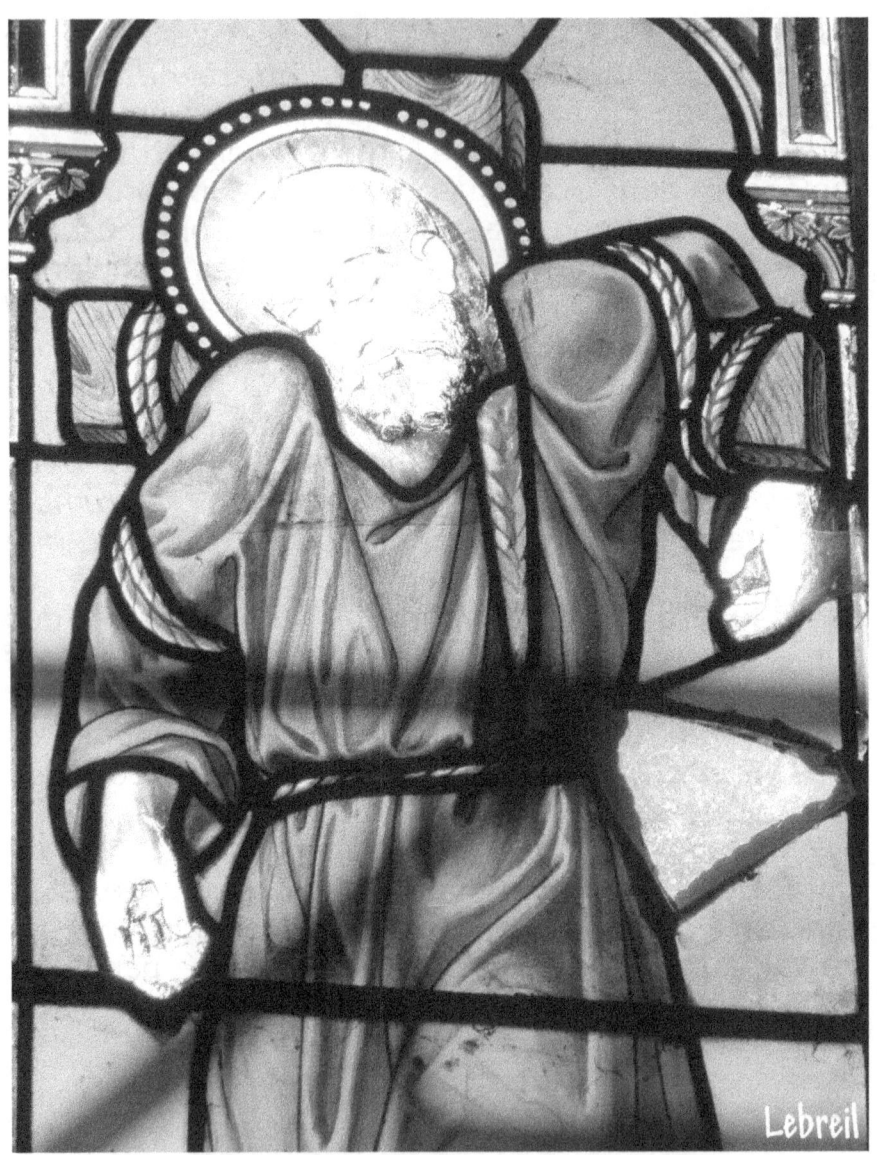

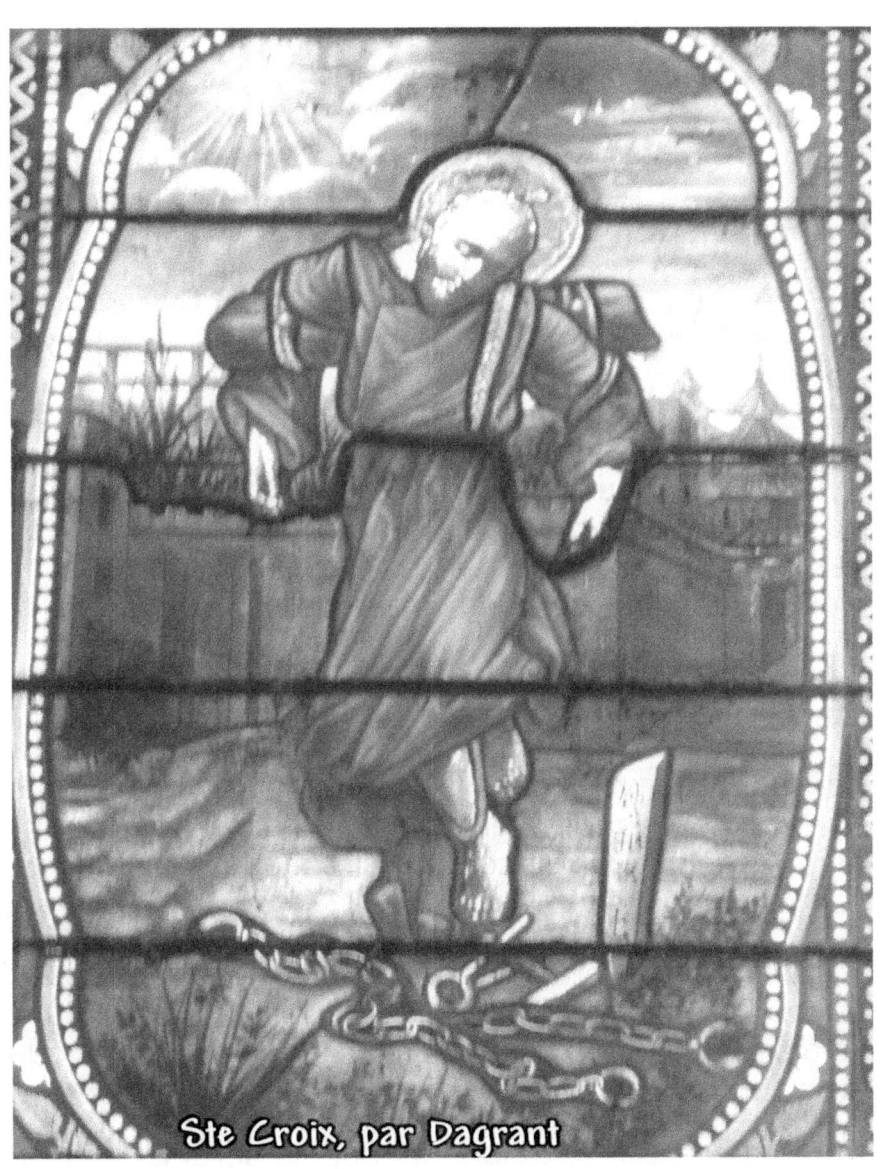
Ste Croix, par Dagrant

La pensée de Jean-Gabriel Perboyre

L'absence de références à la pensée "du Saint" surprend dans les livres "d'édification des masses."

--> L'humilité et la prière procurent plus de connaissance de Dieu que de superbes raisonnements.

--> Le bon Dieu châtie ceux qu'il aime : regardez les souffrances comme des présents du ciel et comme d'excellents moyens de sanctification et de salut.

--> Le Bon Dieu ne l'a affligé que pour son bien, il peut en être persuadé. En souffrant, il expie les peines qu'il aurait à endurer en Purgatoire et il mérite une plus grande gloire pour le ciel.

--> Toute la vie doit être une préparation continuelle à une sainte mort.

--> Quant à vous, mon cher frère, quoique vous soyez encore jeune, pensez que vous pouvez mourir tous les jours. Vivez comme si chaque jour était le dernier de votre vie.

--> Les contrariétés que vous fait éprouver l'esprit du monde au milieu duquel vous vivez, ne serviront qu'à vous en détacher de plus en plus et à vous faire soupirer sans cesse vers le Seigneur.

Je remplacerais "le Seigneur" par "la sérénité" ?...

Ces "aphorismes" me semblent tout droit venus de ceux, plus concis, du cloître du Séminaire des Carmes de Montauban.

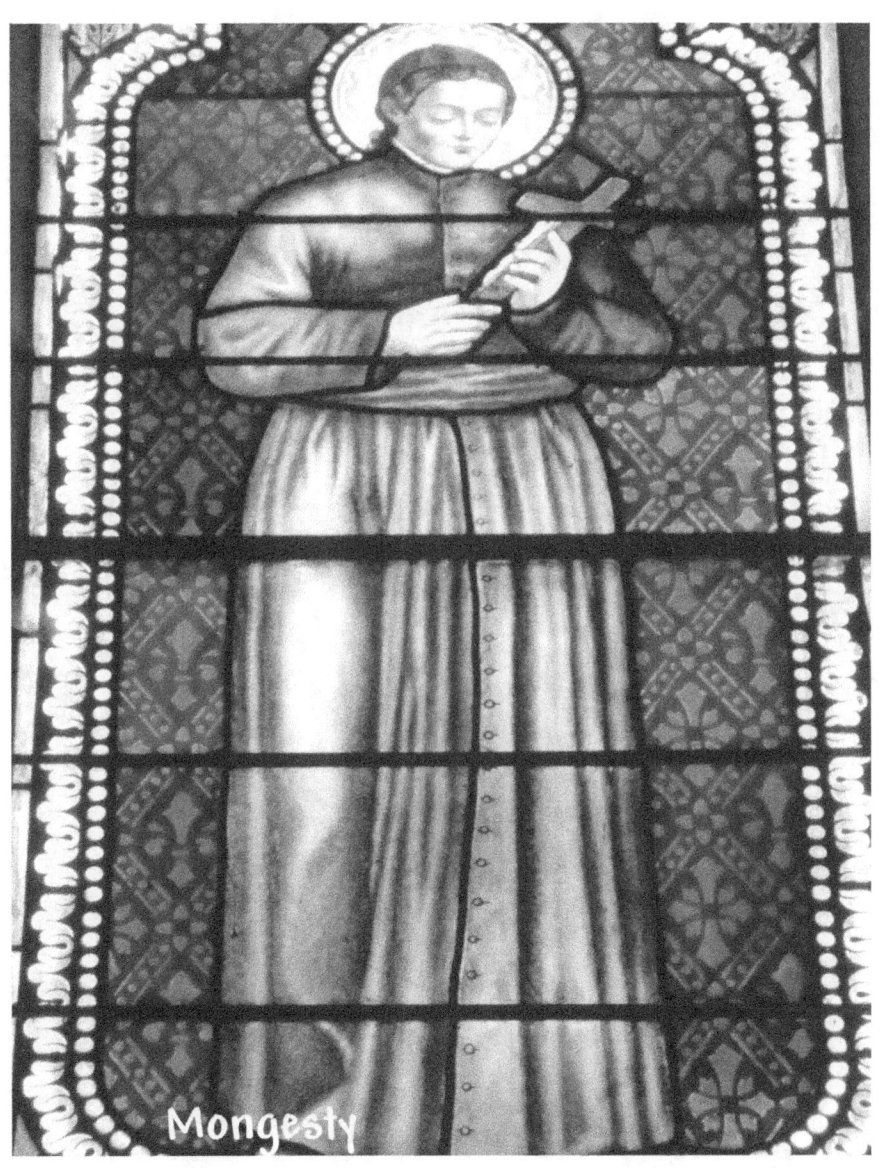

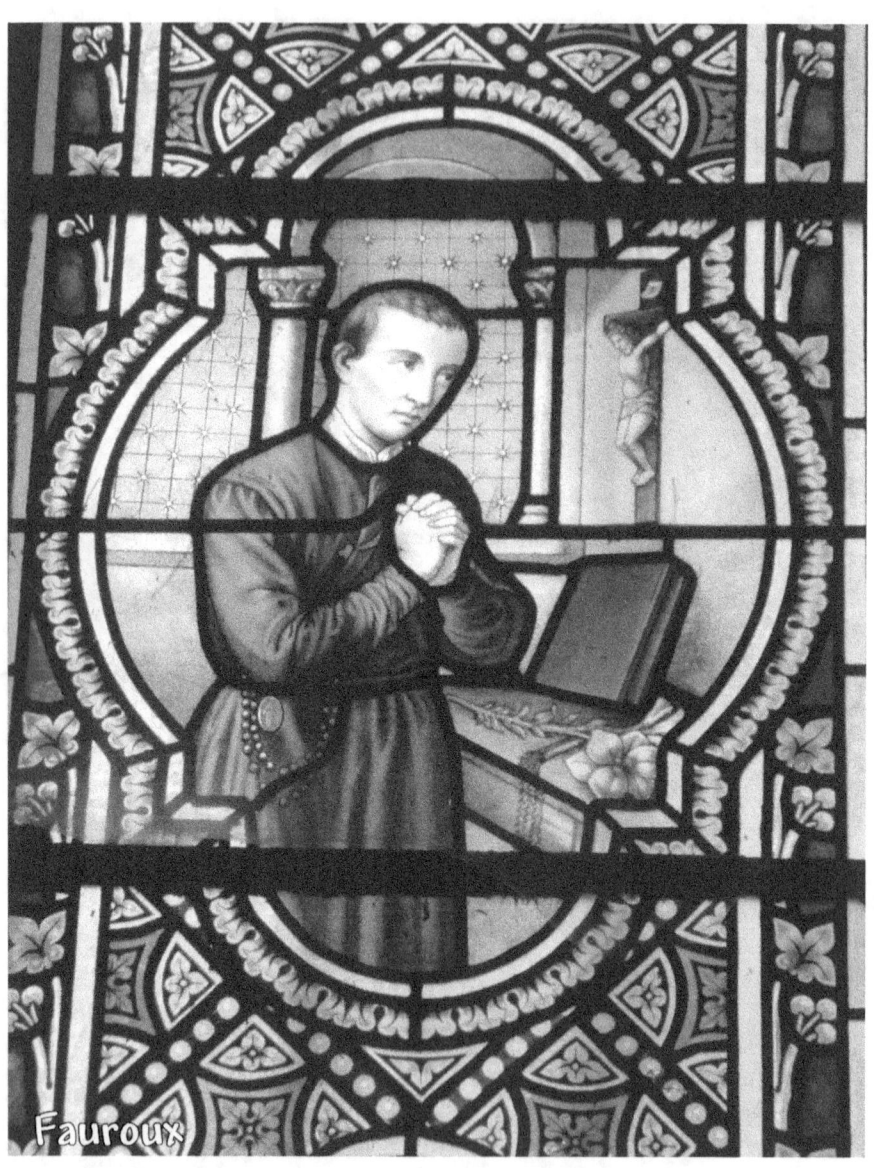

Instinct de Mort...

Extraits "*Les Deux nouveaux Martyrs : Jean-Gabriel Perboyre, de la congrégation de la Mission, dite des Lazaristes, et Pierre-Louis-Marie Chanel, de la Société de Marie, béatifiés par Léon XIII les 10 et 17 novembre 1889*" édité par H. Castermann (Tournai) en 1890 :

« Ce désir avait été le motif dominant de son entrée dans la Congrégation ; la pensée du martyre surtout faisait battre son cœur. Il enviait le sort de cet autre prêtre de la Mission, M. Clet, qui fut martyrisé en Chine : « *Quelle belle fin que celle de M. Clet !* disait-il ; *priez Dieu que je finisse comme lui.* » Il réunit un jour les novices pour leur montrer la corde qui avait étranglé ce vaillant confesseur, et il s'écria : « *Quel bonheur pour nous, si nous avions un jour le même sort !* » Puis, il dit à l'un d'eux : « *Priez bien que ma santé se fortifie et que je puisse aller en Chine... mourir pour Jésus-Christ.* »

« Sa santé chancelante faisait craindre, en effet, que, s'il partait, il succomberait comme Louis son frère, avant même le terme du voyage. Et pourtant, depuis six ans, il implorait chaque jour, en célébrant la messe, la grâce de répandre son sang pour son Sauveur. »

« Dans une composition qu'il lut publiquement à la fin de sa rhétorique, une phrase trahissait encore ses désirs : « *Ah ! qu'elle est belle, cette croix placée au milieu des terres infidèles et souvent arrosée du sang des apôtres de Jésus-Christ !* » »
Torturé... : « Rentré dans sa prison, il ne manquait

jamais de remercier Dieu avec effusion des grâces qu'il venait de lui accorder, le conjurant de pardonner à ses bourreaux et de soutenir jusqu'au bout son courage. »

Naturellement, l'horreur face aux multiples sévices des bourreaux suscite parfois l'envie de vomir... mais rapidement le lecteur doit se souvenir qu'il a souhaité cela ! Et finalement « il s'estimait heureux d'avoir été jugé digne de souffrir quelque chose pour le nom de Jésus. »

En partant propager sa foi dans un pays s'étant protégé de ce prosélytisme en instituant la peine de mort pour ce délit, le lotois souhaitait mourir pour la foi.

« Ses chairs étaient tellement meurtries et labourées par les coups, que des morceaux pendaient çà et là, et que d'énormes lambeaux en avaient été enlevés ; qu'enfin ses membres ne formaient plus qu'une plaie, et que, semblable à notre divin Sauveur dans sa passion, il n'avait plus même l'apparence d'un homme. Mais, dans un corps ainsi broyé et mis en pièces, l'âme du saint confesseur, soutenue par la vertu divine, supportait toutes ces souffrances avec une admirable sérénité, et son regard, rayonnant à travers les meurtrissures de son visage, montrait combien il s'estimait heureux d'avoir été jugé digne de souffrir quelque chose pour le nom de Jésus. »

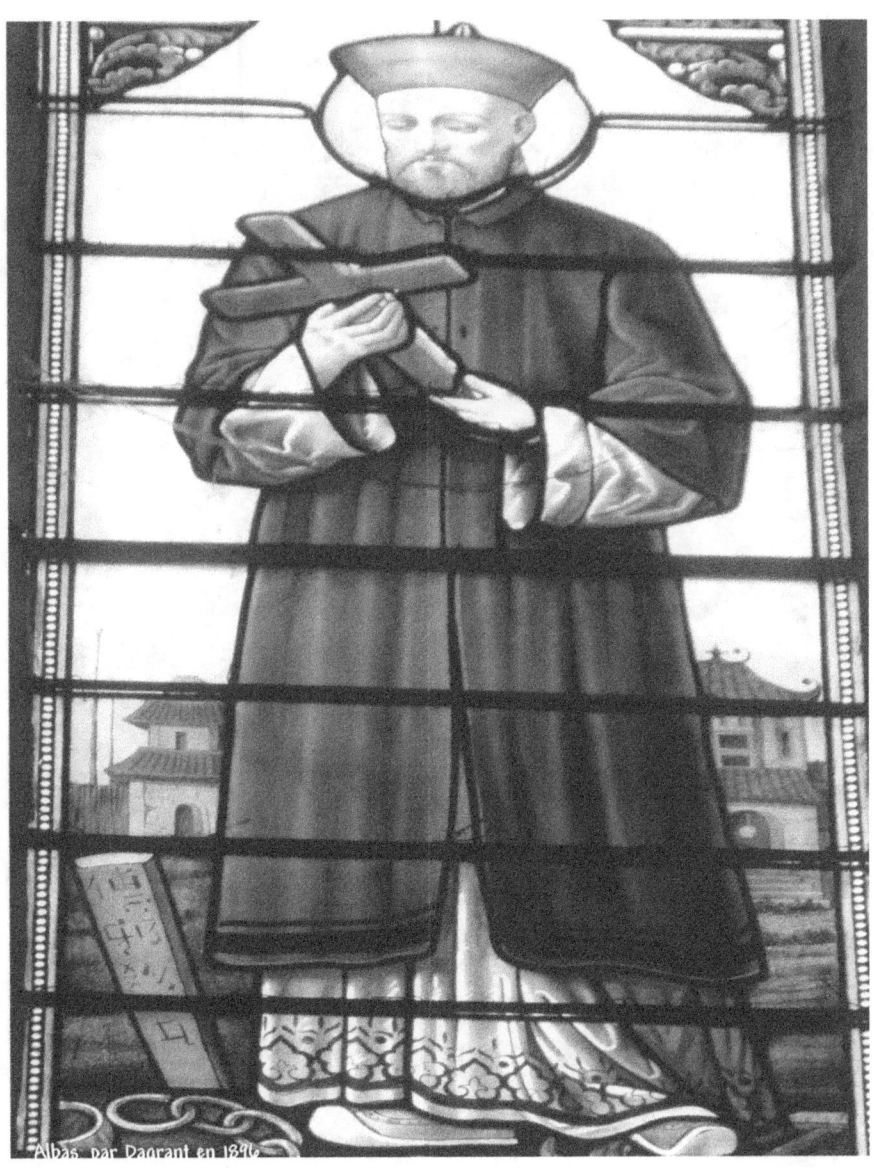

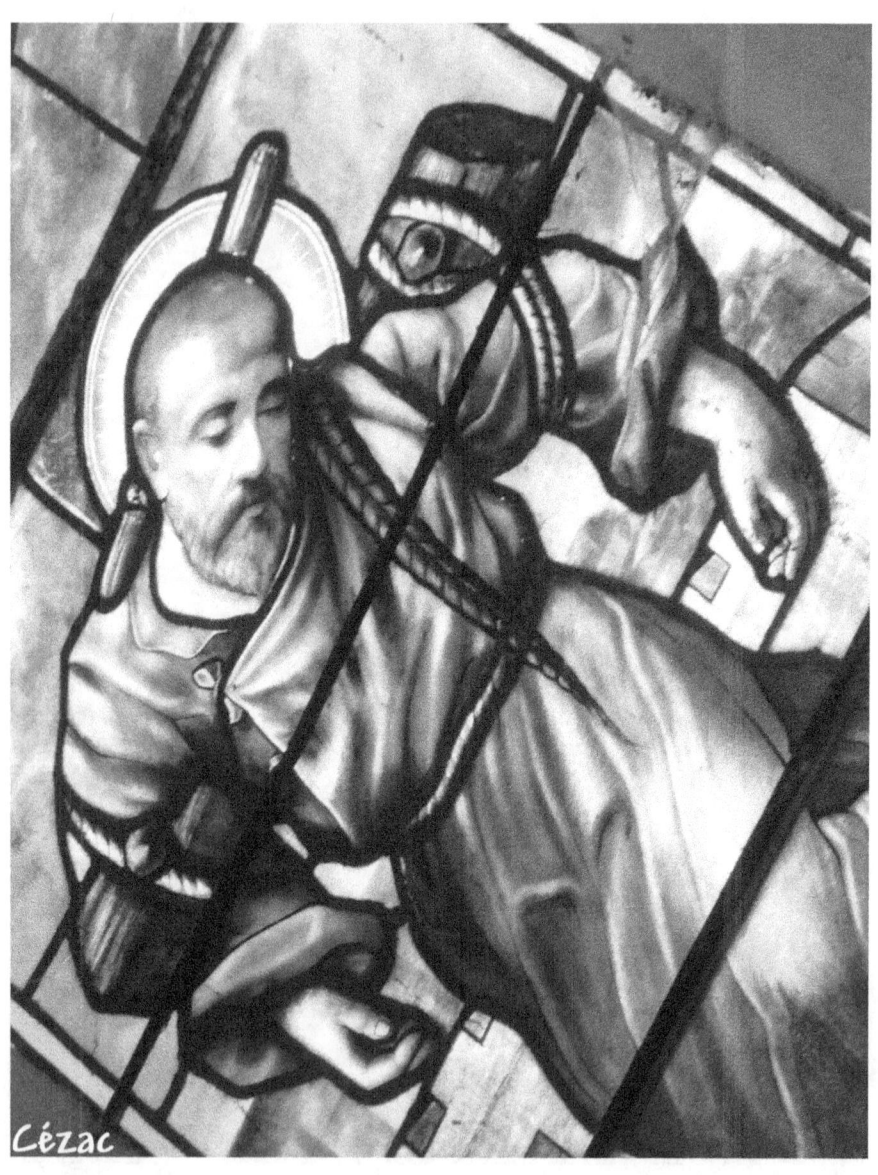

Comprendre l'homme « derrière » le religieux

Si l'enthousiasme missionnaire « de jeunesse » est indéniable, il ne suffit pas à expliquer son départ en Chine « *Hélas ! j'ai déjà plus de trente ans, qui se sont écoulés comme un songe, et je n'ai pas encore appris à vivre ! Quand donc aurai-je appris à mourir ?* » fut sa "première" réaction à l'annonce du décès en mer de son frère.

Cette disparition "sur la route", fut le déclic. Mais le point essentiel, psychologique, me semble résulter de son impression d'être devenu un bureaucrate de la religion, submergé de travaux administratifs, le tout dans un contexte où la vie pouvait basculer en trépas rapidement, avec « la rumeur » d'une invasion arabe, l'instabilité politique...

Naturellement, une profonde conviction religieuse portait cet homme mais le quotidien l'éloignait de sa soif de réflexions. Il a voulu autre chose. Sur ce point, je le comprends aisément, ayant quitté le confortable giron de Groupama à 25 ans, pour l'aléatoire, la misère et la déconsidération littéraires, ayant même quitté le Pas-de-Calais où les femmes et hommes politiques semblaient respecter les écrivains non encartables, pour le Lot, terre du clientélisme et de la soumission aux installés chapeautés par la famille Baylet et son monopole quotidien.
Comme Woodstock représenta le rêve d'une jeunesse, l'Amérique d'une autre, la Chine attirait les religieux de cette époque...

S'il n'avait pas existé, un romancier aurait dû

l'inventer, ce Jean-Gabriel Perboyre ! Désormais, j'écris Perboyre sans erreur. Au début, la place du Y m'échappait...
Sur ce point également je diffère d'avec Gide, auteur du « *J'admire les martyrs. J'admire tous ceux qui savent souffrir et mourir, et pour quelque religion que ce soit.* » Je prendrais plutôt le sujet par l'angle de Georges Brassens « *mourir pour des idées, l'idée est excellente...* »
Aucune idée ne mérite notre sacrifice. Naturellement, il existe des situations où l'homme n'a plus le choix. Sauf de mourir dignement ou médiocrement. Mais il ne saute pas à pieds joints dans cette impasse.

Désagréable impression en lisant : « *en contact habituel avec des chrétiens pauvres et peu soigneux de la propreté, il partageait avec eux la vermine dont ils étaient couverts ; et, à l'exemple de plusieurs saints, par esprit de pénitence, il se laissait en quelque sorte dévorer tout vivant, ne faisant rien pour se préserver ou se débarrasser d'un tel supplice.* »

L'éclairage sous les influences du frère et de la fatigue administrative ne peut être occulté :

Le 28 novembre 1829, il écrit ainsi à Louis « *Je ne saurais qu'approuver et admirer votre belle résolution d'aller évangéliser les Chinois. (...)*
Je crains beaucoup, mon cher frère, d'avoir étouffé par mon infidélité à la grâce les germes d'une vocation semblable à la vôtre.
Priez Dieu qu'il me pardonne mes péchés, qu'il me fasse connaître sa volonté et qu'il me donne la force de la suivre. »

Pourquoi partir (quand il y a tant de chose à faire dans son pays) ? En avait-il tout simplement assez d'être devenu un bureaucrate de la religion ? Ailleurs le quotidien est plus valorisant ?

24 février 1830 : « *mon esprit s'abrutit de jour en jour ; bientôt il sera tout matériel et entièrement nul pour toute fonction intellectuelle.* »

12 avril 1830 : « *Nos élèves sont en vacances. J'avais bien besoin de ce moment de relâche. Je ne crois pas avoir passé deux jours depuis six mois sans avoir senti ma tête rompue, tous mes membres brisés et mon sang tout en feu. Rien ne me fatigue comme le détail de l'administration ; rien ne me mine comme la sollicitude.* »

Le départ du frère le remue, sentimentalement mais également dans le sens « qu'ai-je fait de ma vie ? » : 24 août 1830 : « *Toutefois je désire ardemment d'avoir l'occasion de vous voir avant votre départ pour la Chine. Quoique je ne sois pas très éloigné de prendre la même route que vous, je ne suis pas assez prêt ni assez décidé de moi-même pour m'embarquer cette année.*

En attendant j'applaudirai à votre courage et à votre démarche. Le père et la mère étant encore en vie, je ne vois pas d'arrangement de famille à faire. Plus tard vos frères pourront vous représenter. Je n'ai pas besoin de vous dire que ni les pleurs ni les prières des parents ne doivent vous ébranler. »

Ce départ ravive sa "flamme chinoise." Le 8 octobre 1830, sa "lettre d'adieu" : « *J'éprouve d'une manière bien sensible la vérité de ce que dit saint Augustin, que l'on ne connaît jamais mieux l'attachement qu'on peut avoir pour quelqu'un que*

lorsque on en est séparé. Je ne puis vous voir vous éloigner sans émotion, et pardonnez-moi si je vous avoue que je ne suis pas maître de retenir mes larmes. La nature s'afflige, mais la foi vient consoler. Pour soutenir ma faiblesse et soulager ma peine, je me représente la gloire que vous procurerez à Dieu et le salut des âmes que vous aurez le bonheur d'arracher à l'esclavage du démon. L'espoir de vous revoir, sinon ici-bas, du moins dans la céleste patrie, adoucit l'amertume de ma douleur. Allez donc, mon très cher frère, allez où la voix de Dieu vous appelle. Vous emportez mes regrets, mais mes vœux vous poursuivront partout. (...) Puissions-nous l'un et l'autre vivre de la vie des saints et mourir de la mort des élus !
Je crains de n'avoir pas été fidèle à la vocation que le Seigneur vous a donnée. Priez-le de me faire connaître sa sainte volonté et de m'y faire correspondre. Obtenez-moi de sa miséricordieuse bonté le pardon de mes misères et l'esprit de notre saint état afin que je devienne un bon chrétien, un bon prêtre, un bon missionnaire.
(...)

Je vais écrire à nos parents pour les consoler ; ils doivent en avoir un peu besoin. »

Mourir en martyr nous apparaît déraisonnable (euphémisme) mais replongeons-nous dans cette époque où l'imminence de cataclysmes invitait au radicalisme, à l'héroïsme :
- La dernière lettre à Louis avant son départ en Chine, du 27 octobre 1830 : « *À propos de prophétie en voici une qui court dans nos pays, et qui, en disant à peu près la même chose que les*

autres, porte en particulier que les Arabes, après avoir été vaincus par nos troupes, doivent entrer prochainement en France et venir jusqu'à Paris pour le détruire de fond en comble. »
- Mi juillet 1831 dans la lettre à Louis qu'il ne lira jamais : « *M. le Comte de Maistre disait en 1820 que l'Europe s'en allait comme lui dans la tombe, vous, qui pour n'y être pas englouti avec elle, vous êtes hâté de vous éloigner d'elle, vous devez être curieux d'apprendre s'il lui reste encore quelque souffle de vie. (...) Ceci n'amènera-t-il pas une guerre générale ? On se tue en conjectures. (...) Le choléra morbus fait tous les jours d'horribles ravages et des progrès effrayants. Il est déjà en Autriche et s'avance vers nous.* »

La mort du frère

On ne comprend pas cet homme si l'on occulte qu'il s'agit de l'événement le plus important de sa vie, cette mort de son frère. Un traumatisme où suivre la même voie représentait une possibilité de guérison.
La nouvelle ne lui parvient qu'en février 1832 alors que Louis lui avait écrit en partant de l'île Bourbon, le 30 mars 1831, peu de jours avant l'heure fatale.

À ses parents « *Méprisons le monde, détachons-nous de toutes les choses de la terre, attachons-nous à Dieu seul et à son service ; nous ne recueillerons à la mort que ce que nous aurons semé pendant la vie.* »
À son oncle : « *il s'est élancé à travers les mers, cherchant la mort des martyrs. Il n'a trouvé que celle d'un apôtre. Que ne suis-je trouvé digne d'aller remplir la place qu'il laisse vacante ! que ne puis-je aller expier mes péchés par le martyre après lequel son âme innocente soupirait si ardemment ? Hélas ! j'ai déjà plus de trente ans, qui se sont écoulés comme un songe, et je n'ai pas encore appris à vivre ! Quand donc aurai-je appris à mourir ? Le temps disparaît comme une ombre légère, et sans nous en apercevoir nous arrivons à l'éternité.* »

Confucius, Lao Tseu, Bouddha...

En février 1832, à son oncle, il s'exprime avec des tournures teintées de confucianisme : « *...j'ai déjà plus de trente ans, qui se sont écoulés comme un songe, et je n'ai pas encore appris à vivre ! Quand donc aurai-je appris à mourir ? Le temps disparaît comme une ombre légère, et sans nous en apercevoir nous arrivons à l'éternité.* »

Maître Kong, né 2350 ans avant lui, aurait pu lui répondre « *tant que l'on ne sait pas ce qu'est la vie, comment peut-on savoir ce qu'est la mort.* »
Notre lotois n'est pas parti se confronter aux pensées ayant façonné l'Asie, ne souhaitait pas comprendre cette culture mais imposer ses croyances. Il voulait convertir, verser son sang pour la cause du Christ.

Des religieux, désormais, vont au contact d'autres pensées, d'autres croyances, sans prosélytisme, simplement pour comprendre l'autre, approcher le berceau commun. Dans ce cas, le dialogue devient possible. Mais (trop) souvent les croyants portent le désir de convaincre, c'est la force des religions d'ainsi enrôler mais également son impasse. Quand des peuples se sentent menacés au point de l'interdire.

J'ai des difficultés à dialoguer avec des croyants... qui ne peuvent pas, simplement, intimement, croire. L'Europe aura des difficultés à éviter une confrontation, sur son sol, avec des communautés qui ont intégré « la faille démocratique » et ne manqueront pas d'imposer leurs conceptions sociales si elles parviennent à devenir majoritaires. La France s'est protégée de ce risque par la séparation de l'église et de l'état, quand cette séparation semblait suffisante pour permettre une réelle laïcité, mais sa Constitution est révisable par les Assemblées...

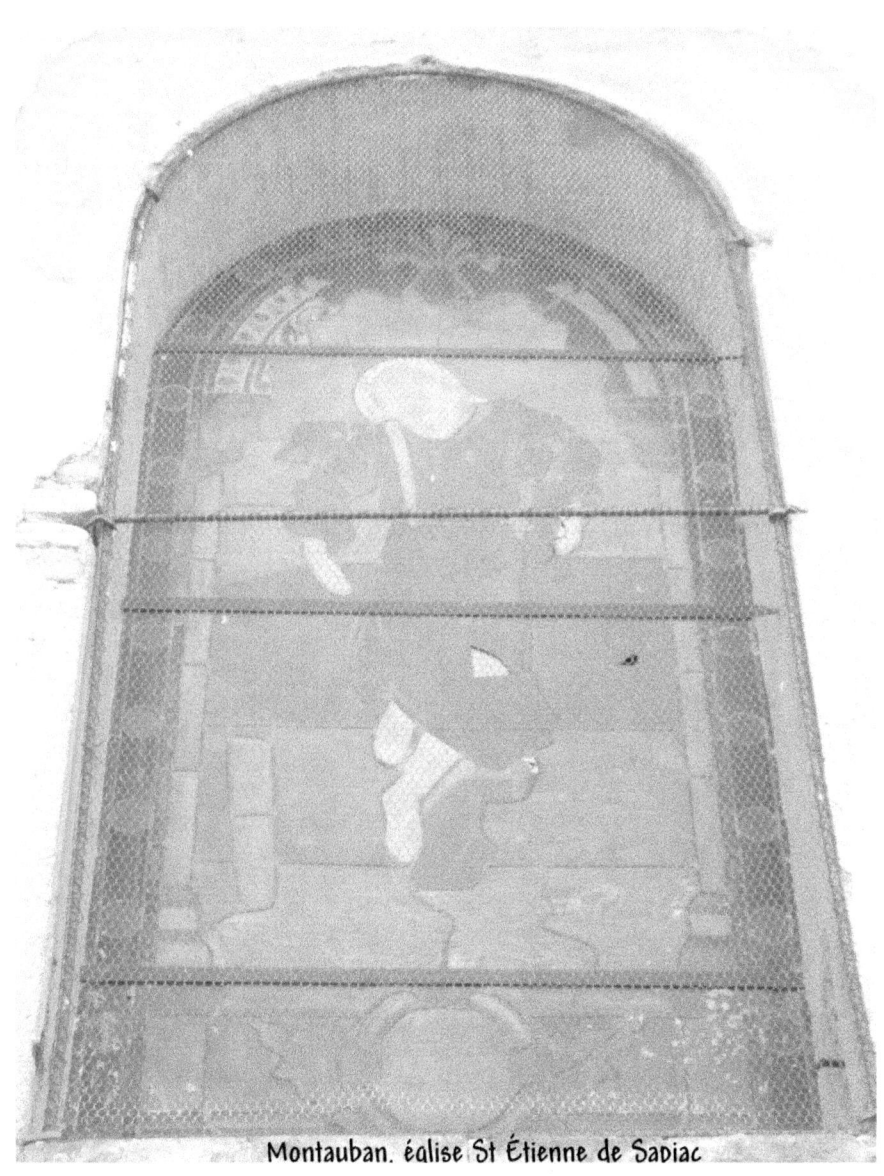

Montauban, église St Étienne de Sapiac

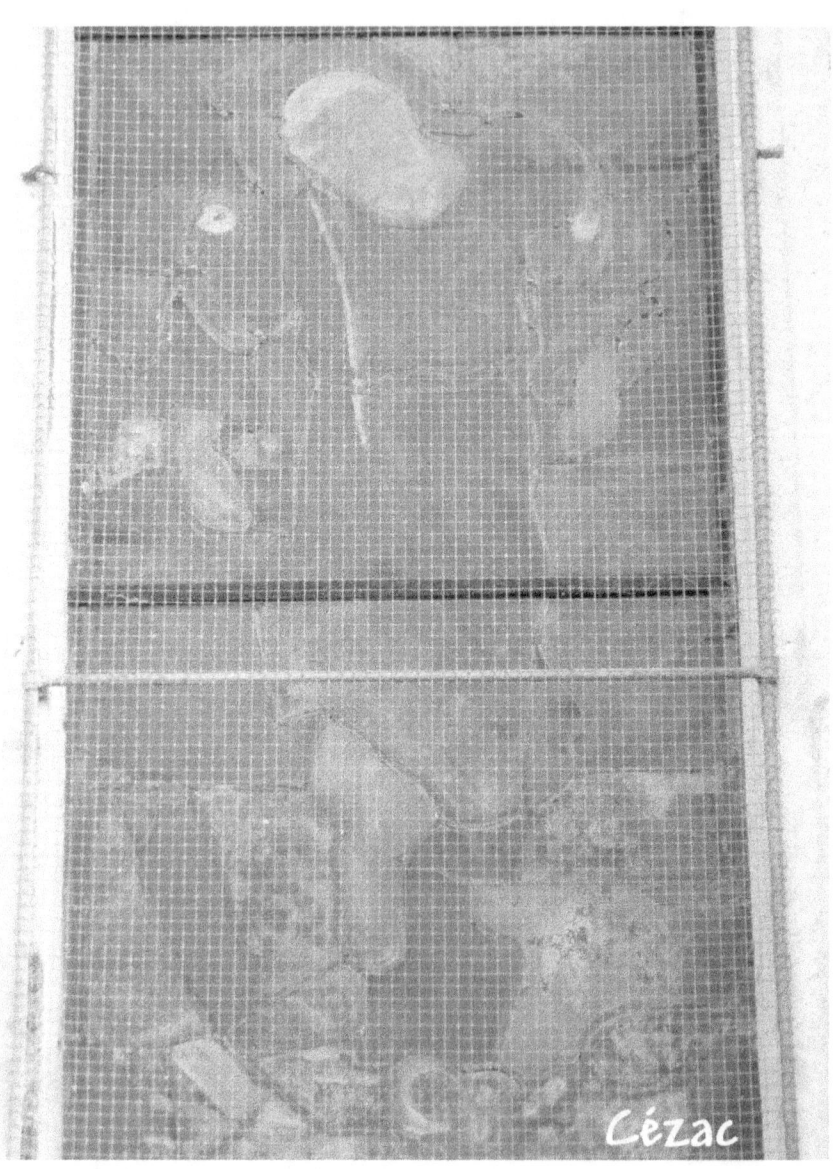

Le nom chinois...

Tong-Ouen-Sio : le nom chinois de JGP, ailleurs noté « Tong Wen Siao », signifiant « personne ayant reçu par voie testamentaire la mission de transmettre le message. »

Quant aux vitraux vus de l'extérieur, en plus de montrer combien la représentation de cet homme est facilement reconnaissable, ils interrogent sur la nécessité, ou non, de protéger ces œuvres de la fin du dix-neuvième siècle, qu'un simple caillou peut briser...

Peu de livres existent...

- *Vie Abrégée Du Vénérable J.-GABRIEL PERBOYRE, Prêtre de la Congrégation de la Mission dite des Lazaristes*, édité par GAUME ET Cie, LIBRAIRES-ÉDITEURS 3, RUE DE l'ABBAYE en 1886.

- *Gabriel Perboyre, ou l'aventureux pèlerinage*, publié par l'éditeur Barbou frères (Limoges) en 1853.

- *Les Deux nouveaux Martyrs : Jean-Gabriel Perboyre, de la congrégation de la Mission, dite des Lazaristes, et Pierre-Louis-Marie Chanel, de la Société de Marie, béatifiés par Léon XIII les 10 et 17 novembre 1889...*
Publié par H. Castermann (Tournai) en 1890.

- *Une semence d'éternité (Saint Jean-Gabriel Perboyre)*, par Jean-Yves Ducourneau, c.m., publié en 1996 par Médiaspaul, c.m. pouvant signifier « congrégation de la mission », avec une préface de Maurice Gaidon, alors Évêque du diocèse de Cahors (il le fut de 1987 à 2004 ; décédé le 14 novembre 2011).

Cette préface, je n'aurais pas la désobligeance (pour l'auteur) de la qualifier "partie la plus intéressante" du livre mais elle débute par un iconoclaste *« étrange souhait que celui de vouloir atteindre à la sainteté... par le martyre !*
Voilà qui laisse rêveur le chrétien [et perplexe l'athée pourrait-on ajouter] *qui préfère des sommets moins abrupts et un programme mieux adapté à nos horizons quotidiens. Voilà qui inquiète le soupçonneur de service qui décèle, derrière de*

tels propos [avec passage aux actes !], *d'évidents symptômes révélateurs d'une personnalité inquiétante.* »

C'était donc en 1996. Comment réagirait-on si l'on utilisait un passage du paragraphe suivant au sujet des kamikazes, car la même approche pourrait prévaloir « *Notre premier Saint de Chine n'est pas une personnalité à jauger à l'aune de la psychologie mais juger selon les critères de l'authenticité évangélique. C'est un fou, mais un fou de Dieu que l'Église ose reconnaître solennellement comme un saint et proclamer à la face du monde comme un merveilleux exemple d'Évangile vécu.* »

Le 11 septembre 2001 constitue bien un séisme, une frontière dans nos approches, car depuis un Évêque tournerait sept fois son clavier pour au moins adoucir une telle formulation. Peut-être est-elle là, la raison du silence autour du Saint lotois du 11 septembre. Non ? Je pense qu'une société « aux racines judéo-chrétiennes » doit savoir regarder ses canonisations en face. Plus j'avançais dans l'étude de « ce voisin », plus s'est imposée en moi la conviction de travailler sur un sujet majeur de notre époque.

Entre crochets, il s'agit toujours de remarques (plus ou moins heureuses mais c'est ainsi !) de l'auteur.

- En plus d'analyses, "*Le Martyr et Saint du 11 septembre : Jean-Gabriel Perboyre*" de Stéphane Ternoise, reprend les trois premiers livres quasi introuvables dans leur édition originale.

Auteur

Né en 1968, il publie depuis 1991, d'abord sous son nom de naissance puis sous divers pseudonymes, éditeur indépendant depuis son premier livre.

Dès 2004, il a proposé des livres numériques, en PDF. Mais c'est en 2011 seulement que les ventes dématérialisées ont démarré. Son catalogue numérique (depuis mi 2011 distribué par *Immateriel*) a ainsi rapidement dépassé celui du papier, grâce à des essais, des livres de photos... tout en continuant la lente écriture dans les domaines du théâtre et du roman. Depuis octobre 2013, et son « identifiant fiscal aux États-Unis », son catalogue papier tend à rattraper celui en pixels.

Il convient donc de nouveau d'aborder l'auteur sous le biais de l'œuvre. Ainsi, pour vous y retrouver, http://www.ecrivain.pro essaye de fournir une vue globale. Et chaque domaine bénéficie de sites au nom approprié :
http://www.romancier.org
http://www.parolier.org

http://www.essayiste.net

http://www.dramaturge.fr
http://www.lotois.fr

Vous pouvez légitimement vous demander pourquoi un auteur avec un tel catalogue ne bénéficie d'aucune visibilité dans les médias traditionnels. L'écriture est une chose, se faire des amis utiles une autre !

Catalogue

Romans : (http://www.romancier.org)
Le Roman de la révolution numérique également sous le titre *Un Amour béton*
Ils ne sont pas intervenus (le livre des conséquences) également sous le titre *Peut-être un roman autobiographique*
La Faute à Souchon ? également sous le titre *Le roman du show-biz et de la sagesse (Même les dolmens se brisent)*
Liberté, j'ignorais tant de Toi également sous le titre *Libertés d'avant l'an 2000*
Viré, viré, viré, même viré du Rmi
Quand les familles sans toit sont entrées dans les maisons fermées

Edition (http://www.auto-edition.com)
Le guide de l'auto-édition, papier et numérique
Le manifeste de l'auto-édition - Manifeste politico-littéraire pour la reconnaissance des écrivains indépendants et une saine concurrence entre les différentes formes d'édition
Écrivains, réveillez-vous ! - La loi 2012-287 du 1er mars 2012 et autres somnifères
Le livre numérique, fils de l'auto-édition
Réponses à monsieur Frédéric Beigbeder au sujet du Livre Numérique (Écrivains= moutons tondus ?)
Comment devenir écrivain ? Être écrivain ? (Écrire est-ce un vrai métier ? Une vocation ? Quelle formation ?...)
Copie privée, droit de prêt en bibliothèque : vous payez, nous ne touchons pas un centime - Quand la France organise la marginalisation des écrivains indépendants
Alertez Jack-Alain Léger !

Théâtre : (http://www.dramaturge.fr)
La baguette magique et les philosophes
Neuf femmes et la star
Avant les élections présidentielles
Les secrets de maître Pierre, notaire de campagne
Deux sœurs et un contrôle fiscal
Ça magouille aux assurances
Pourquoi est-il venu ?
Amour, sud et chansons
Blaise Pascal serait webmaster
Aventures d'écrivains régionaux
Trois femmes et un amour
Chanteur, écrivain : même cirque
« Révélations » sur « les apparitions d'Astaffort » Brel / Cabrel (les secrets de la grotte Mariette)
J'avais 25 ans

Pour troupes d'enfants :
Les filles en profitent
Révélations sur la disparition du père Noël
Le lion l'autruche et le renard
Mertilou prépare l'été
Nous n'irons plus au restaurant

Recueils :
Théâtre peut-être complet
La fille aux 200 doudous et autres pièces de théâtre pour enfants
Théâtre pour femmes

Chansons : (http://www.parolier.info)
Chansons trop éloignées des normes industrielles
Chansons vertes et autres textes engagés
Parodies de chansons - De Renaud à Cabrel En passant par Cloclo et Jacques Brel
Chansons d'avant l'an 2000
Vivre Autrement (après les ruines), l'album invisible...

Photos : (http://www.france.wf)
Cahors, 42 inscriptions aux Monuments Historiques
La disparition d'un canton : Montcuq
Montcuq, le village lotois
Cahors, des pierres et des hommes. Photos et commentaires
Limogne-en-Quercy Calvignac la route des dolmens et gariottes
Saint-Cirq-Lapopie, le plus beau village de France ?
Saillac village du Lot
Limogne-en-Quercy cinq monuments historiques cinq dolmens
Beauregard, Dolmens Gariottes Château de Marsa et autres merveilles lotoises
Villeneuve-sur-Lot, des monuments historiques, un salon du livre... -Photos, histoires et opinions
Henri Martin du musée Henri-Martin de Cahors - Avec visite de Labastide-du-Vert et Saint-Cirq-Lapopie sur les traces du peintre
L'église romane de Rouillac à Montcuq et sa voisine oubliée, à découvrir - Les fresques de Rouillac, Touffailles et Saint-Félix
Cajarc selon Ternoise

Livres d'artiste (http://www.quercy.pro)
Quercy : l'harmonie du hasard
Lot, livre d'art
Montcuq, livre d'art
Quercy Blanc, livre d'art
Cahors, livre d'art
Quercy : l'harmonie du hasard
La beauté des éoliennes
Golfech, c'est beau un village prospère à l'ombre d'une centrale nucléaire
Jésus, du Quercy

Essais (http://www.essayiste.net)
Ya basta Aurélie Filippetti !
Amour - état du sentiment et perspectives
Contrairement à Gérard Depardieu, dois-je quitter la France ?
Cahors, municipales 2014 : un enjeu départemental majeur
Quand Martin Malvy publie un livre : questions de déontologie

Politique : (http://www.commentaire.info)
Ce François Hollande qui peut encore gagner le 6 mai 2012 ne le mérite pas (Un Parti Socialiste non réformé au pays du quinquennat déplorable de Nicolas Sarkozy)
Nicolas Sarkozy : sketchs et Parodies de chansons
Bernadette et Jacques Chirac vus du Lot - Chansons théâtre textes lotois
Affaire Ségolène Royal - Olivier Falorni Ce qu'il faut en retenir pour l'Histoire - Un écrivain engagé, un observateur indépendant
François Fillon, persuadé qu'il aurait battu François Hollande en 2012, qu'il le battra en 2017

Notre vie (http://www.morts.info)
La trahison des morts : les concessions à perpétuité discrètement récupérées - Cahors, à l'ombre des remparts médiévaux, les vieux morts doivent laisser la place aux jeunes...
Cahors : Adèle et Marie Borie contre Jean-Marc Vayssouze-Faure - Appel à une mobilisation locale et nationale pour sauver les soeurs Borie...

Jeux de société
http://www.lejeudespistescyclables.com
La France des pistes cyclables - Fabriquer un jeu de société pour enfants de 8 à 108 ans
Le bon chemin pour Saint-Jacques-de-Compostelle

Mentions légales

Tous droits de traduction, de reproduction, d'utilisation, d'interprétation et d'adaptation réservés pour tous pays, pour toutes planètes, pour tous univers.

Site officiel : http://www.ecrivain.pro

Présentation des livres essentiels :
http://www.utopie.pro

Vous pouvez acquérir ces clichés au format originel du photographe, en droit de reproduction, exemplaires numérotés et signés, sur http://www.galerie.me

Dépôt légal à la publication au format ebook du 10 août 2014.

Imprimé par CreateSpace, An Amazon.com Company pour le compte de l'auteur-éditeur indépendant.
livrepapier.com

ISBN 978-2-36541-600-9
EAN 9782365416009
L'homme du 11 septembre de François-Antoine de Quercy.

© Jean-Luc PETIT - BP 17 - 46800 Montcuq France

Divers :
La disparition du père Noël et autres contes
J'écris aussi des sketchs
Vive les poules municipales... et les poulets municipaux - Réduire le volume des déchets alimentaires et manger des oeufs de qualité
Le Martyr et Saint du 11 septembre : Jean-Gabriel Perboyre

En chti : (http://www.chti.es)
Canchons et cafougnettes (Ternoise chti)
Elle tiote aux deux chints doudous (théâtre)

Œuvres traduites (http://www.traducteurs.net)
La fille aux 200 doudous :
- *The Teddy (Bear) Whisperer* (Kate-Marie Glover)
- Das Mädchen mit den 200 Schmusetieren (Jeanne Meurtin)

- Le lion l'autruche et le renard :
- How the fox got his cunning (Kate-Marie Glover)

- Mertilou prépare l'été :
- The Blackbird's Secret (Kate-Marie Glover)

- *La fille aux 200 doudous et autres pièces de théâtre pour enfants (les 6 pièces)*
- La niña de los 200 peluches y otras obras de teatro para niños (María del Carmen Pulido Cortijo)

Chansons - CDs : (http://www.chansons.org)
Vivre Autrement (après les ruines)
Savoirs
CD Sarkozy selon Ternoise (parodies de chansons, 2006)

www.ingramcontent.com/pod-product-compliance
Lightning Source LLC
Chambersburg PA
CBHW070252230526
45470CB00002B/579